新版

民生委員・児童委員のための

子ども・子育て支援

実践ハンドブック

小林 雅彦 ＝著

中央法規

はじめに

[「新版」として発行する目的]

　本書は 2014 年 3 月に発行した「民生委員・児童委員のための子ども・子育て支援　実践ハンドブック」の内容をベースに、その後の子ども・子育て支援を巡る社会情勢や人々の意識の変化、新たな法律の成立や改正、サービスの創設などを踏まえて内容を大幅に改変しました。そのためタイトルを「新版」として発行することにしました。

　2023 年 4 月、政府は「こどもまんなか社会」を実現するための新たな行政組織としてこども家庭庁を発足させ、子ども施策の基本理念や国の責務等を定めたこども基本法も施行されました。

　この動きにあわせて子ども・子育て支援にかかわるさまざまなサービスが新設されたり改変されたりしたことから、本書の発行もこのタイミングにあわせました。

[本書で取り上げている内容]

　本書はすべてＱ＆Ａ形式になっています。

　取り上げるテーマは、「子ども・子育て支援にかかわって児童委員として知っておいたほうがよい知識」に絞りました。具体的には次のような特徴があります。

①子ども・子育て支援をめぐるさまざまな課題のなかでも、特に重要性が高く、また児童委員の身近な場でも起こっていることとして「児童虐待」に多くのページをさき、詳細に取りあげて解説しました。

②「少子化の進行」のような一般的なテーマやデータなどは本書では取り上げていません。

③解説する法律や支援策は、児童委員として知っておいたほうがよいもののなかでも、重要性が高いものに限定しました。

④法やサービスなどを説明するときに、過去の経過を紹介する場合がありますが、本書は特に必要がある場合を除いてこれまでの経過には触れず、「現在の内容」のみ記述しました。

⑤ヤングケアラーや外国籍の子どもの支援のように、子どもに関連して近年、特に社会の関心を集めているテーマを積極的に取り上げました。

⑥2020年からの新型コロナウイルス感染症の拡がりは子どもの育ちに少なからず影響を与えましたが、その後社会が平常に戻りつつあることから、新型コロナウイルスに特化したテーマは設けていません。

　本書が、これまで私が著した他の本と同様、多くの民生委員・児童委員の皆様にお読みいただき、日々の活動に少しでもお役に立てれば幸いです。

注：本書では特にことわりがある場合を除き、主任児童委員を含めて民生委員・児童委員のことを児童委員と記述します。

目　次

はじめに

第4章　子どもをめぐるさまざまな問題と対応の原則
～児童虐待を中心として～

第5章 児童委員として取り組む児童虐待防止と
相談支援活動

資料編

電話番号一覧

著者紹介

第1編 総論編

第1章

子ども・子育て支援の全体像を知る

 第1章の目的

　第1章では、子ども・子育て支援の全体像を知るために、子ども・子育て支援の基本理念や主な施策、子ども・子育て支援をめぐる環境の変化、子育てにおける親と社会の責任、施策の最新動向などを学びます。

　このように、第1章は児童虐待を含め、子ども・子育て支援を考えるうえで必須の基本的知識を取り上げています。本章を読むことで、まずは子ども・子育て支援の全体像を理解してください。

1 子どもを支援する際の大切な基本理念

子どもの支援にあたって特に大切な基本理念について教えてください。

POINT
子どもの支援にあたっては、その子の最善の利益を目指しながら、可能な限り自己決定できるように支援しその意思を尊重することが大切です。児童委員としても、支援にあたっては特にこれらの基本理念を大切にするように心がけてください。

答え 児童の権利に関する条約から学ぶ

　子ども政策の基本となるこども基本法の第1条は「この法律は、日本国憲法及び児童の権利に関する条約の精神にのっとり」という言葉で始まります。こども基本法に限らず、近年の子どもの支援にかかわる法の制定や改正には、いずれも「児童の権利に関する条約」（以下「条約」）の内容が反映されています。

　条約には、私たちが子どもの支援にあたって特に大切にすべきことや向かうべき方向が示されています。そのなかでも特に基本理念として大切なことを2点紹介します。

1．子どもの支援にあたっては子どもの最善の利益が考慮される

　利益といってもお金を儲けることではありません。条約第3条には「児童に関するすべての措置をとるに当たっては、公的若しくは私的な社会福祉施設、裁判所、行政当局又は立法機関のいずれによって行われるものであっても、児童の最善の利益が主として考慮されるものとする」と明記されています。

さまざまな関係機関は、当然「子どものため」を標榜しているわけですが、はたして本当にそうなっているか、子ども以外の誰かの利益や都合を考えていることはないか、この条文はそのようなことを支援者に問いかけています。

なお、ここでは「措置」という言葉が使われていますが、その内容は幅広くさまざまな支援のことをさしている、と理解してください。

子どもの最善の利益の中身は場面ごとに異なりますが、共通していえることは、子どもが日々安心して過ごし、明日への希望をもって暮らせる環境のなかにいられるということです。例えば、日本国憲法第 25 条にある「健康で文化的な最低限度の生活」が送れているか、第 26 条にある義務教育はきちんと受けられているか、こういったことはいわば最善の利益を考える際の必須要件ということができるでしょう。

2. 子どもの意見表名権を尊重する

これまで子どもは保護の対象であり、保護の内容を決めるのは支援にかかわる大人達でした。しかし、条約第 12 条第 1 項には「自己の意見を形成する能力のある児童がその児童に影響を及ぼすすべての事項について自由に自己の意見を表明する権利を確保する。この場合において、児童の意見は、その児童の年齢及び成熟度に従って相応に考慮されるものとする」と明記されています。

この考え方は、児童福祉施策にかかわるすべての関係者に意識変革を迫るものとなり、関係する各法の改正にも大きな影響を与えています。例えば、2022 年の児童福祉法改正では、児童相談所等が施設入所などを決定する際には、子ども本人の意見を聞く仕組みを取り入れることになりました。また、こども基本法においても、基本理念のなかで、「自己に直接関係する全ての事項に関して意見を表明する機会」の確保が定められています。

2 子ども・子育て支援をめぐる環境の変化と影響

社会が日々変化するなかで、子ども・子育て支援と社会の変化関係について、特にどのようなことを知っておく必要がありますか。

POINT　現代は昔に比べて科学技術が進歩し、物質的にも恵まれています。一方で、家族のあり方や周りの人との関係におけるさまざまな変化は、子どもの育ちに多くの影響を与えています。支援にあたっては、自分の育った時代と大きく様変わりしていることを意識し、現在の子どもを取り巻く環境やその影響を理解しておくことが大切です。

答え　子どもは周囲の影響を受けて育ちます。いわば社会のすべてのものや出来事が子どもの育つ環境です。そのなかで、ここでは「子どもは人と交わりながら成長し発達する」という観点から、子どもの育つ環境の変化を以下の六つに絞って紹介します。

（1）家族や親族の減少

　祖父母との同居率が下がり、親族の数も減っていることにより、異なる年齢や環境で生活する人とのコミュニケーションの場や、さまざまな経験をする機会が減っています。

（2）家族で集まる場の減少

　親の長時間労働や遠距離通勤、一方で子どもの部活や塾通い等により家族の行動時間がバラバラになり、家族相互のコミュニケーションの場である「一家団欒」の場が減っています。これには、子ども部屋の整備等の住宅事情の変化や、個人単位で視聴するスマートフォンが普及したことも影響していると考えられます。

（3）子どもの遊びをめぐる「三つの間」の減少

「三つの間」は、子どもの遊びをめぐる環境変化を表す言葉としてしばしば使われる表現です。これは、遊ぶ「時間」、一緒に遊ぶ「仲間」、外遊びのできる「空間」をさします。本来、外遊びには、体力や危険回避能力の向上、ルールを守ることや仲間と協力すること、我慢すること、など多くのことを身につけられる利点があります。しかし、自由に遊べる広場や空地の減少、犯罪の増加、塾通いで子どもが忙しくなったことなどにより、「三つの間」はいずれも減少しています。

（4）地域社会のなかでの人とのかかわりの減少

スーパーやコンビニなどのチェーン店型の店が増えたことから、子どもがお店の人とやりとりして商品のことを覚えたり、お店の人が自然に子どもの顔を覚えて声をかけるといったことが減少しています。そもそも大人同士の交流の減少は、子どもとの交流の減少にもつながります。

（5）スマートフォンの普及

子どもにもスマートフォンが普及し、SNSも日常的なものとなりました。便利な一方、SNSによるいじめ、オンラインゲームの依存症や高額の利用料の請求、見ず知らずの人と会い犯罪に巻き込まれるなどさまざまな問題が生じています。繰り返し誤った情報に触れることで、その情報がすり込まれてしまうこともあります。普及の速さに比べ、適切な使い方の教育が追いついていない現状があります。

（6）自家用車の普及

昔に比べ、子どもの歩数の減少や、50m走の記録の低下がみられます。その背景の一つに、自家用車の普及が考えられます。かつて、バスや電車などの公共交通機関は子どもにとってマナーを学ぶ場でしたが、自家用車の増加でそのような機会も減りました。車は便利ですが、子どもの育ちとの関係では、使い方に配慮が必要です。

3 子育てにおける 親の責任と社会の責任

子育ての責任は親と社会のどちらにあるのでしょうか。そもそもこのことを法律はどのように定めているのでしょうか。

POINT

子育てが一義的に親の責任であることは法にも明記されています。しかし、親の責任と社会の責任は二者択一ではなく、親と並んで社会（行政だけでなく、企業や国民を含む）もまた子育てに責任をもっています。児童委員としては、法律の考え方なども知ったうえで、子どもの最善の利益を基準にしながら子どもにかかわり、支援することが大切です。

答え **1．こども基本法にみる父母の責任と行政の責任**

　子どもの支援の基本的な事項を定めているこども基本法では、第3条の基本理念において「こども施策は、次に掲げる事項を基本理念として行われなければならない」としたうえで、第1号から第4号では、すべての子どもを個人として尊重することや基本的人権の保障、適切な養育を受ける権利や意見表明が確保されることなどを規定しています。そして、第5号で父母の責任を次の通り規定しています。

> 五　こどもの養育については、家庭を基本として行われ、父母その他の
> 　保護者が第一義的責任を有するとの認識の下、これらの者に対してこ
> 　どもの養育に関し十分な支援を行うとともに、家庭での養育が困難な
> 　こどもにはできる限り家庭と同様の養育環境を確保することにより、
> 　こどもが心身ともに健やかに育成されるようにすること。

　そのうえで、第4条で「国は、前条の基本理念にのっとり、こども施策を総合的に策定し、及び実施する責務を有する」と規定しています。

また、第5条では地方自治体にも同様の責務を課しています。

2．児童福祉法にみる保護者の責任と行政の責任

　児童福祉法は、第2条第2項で次のように規定しています。

> ②　児童の保護者は、児童を心身ともに健やかに育成することについて第一義的責任を負う。

　そのうえで、第3項で「国及び地方公共団体は、児童の保護者とともに、児童を心身ともに健やかに育成する責任を負う」と規定しています。

3．子ども・子育て支援法にみる父母の責任と行政の責任

> 第2条　子ども・子育て支援は、父母その他の保護者が子育てについての第一義的責任を有するという基本的認識の下に、家庭、学校、地域、職域その他の社会のあらゆる分野における全ての構成員が、各々の役割を果たすとともに、相互に協力して行われなければならない。

4．子どもを支援する責任は社会のあらゆる分野の構成員にある

　以上の三つの法律からいえることは、子育ての第一義的責任は父母その他の保護者にあり、同時に国や地方公共団体も責任をもつということです。

　そして、もう一つ大事なことは、子育てに対する社会の責任という場合の社会とは、国や地方公共団体だけではないということです。子ども・子育て支援法では「家庭、学校、地域、職域その他の社会のあらゆる分野における全ての構成員」が規定されていますが、ほかの法にも同様に国民や事業主等の役割がでてきます。このことから、子どもの支援には社会のあらゆる構成員が責任をもっていると考えることが大切です。

4 こども家庭庁の設置とこども基本法施行による支援策の整備

2023年4月に子ども・子育て支援に関して大きな動きがあったと聞きますがどういうことがあったのでしょうか。そのことで支援策の整備が進むのでしょうか。

POINT
2023年4月にこども家庭庁が設置され、こども基本法が施行されました。また、前年の2022年には児童福祉法も改正されています。これらの動きによって新たな支援策の整備や既存施策の拡充などが進んでいます。

1．こどもまんなか社会の実現に向けたこども家庭庁の設置

　これまで子どもにかかわる国の担当省庁や部局は多方面にまたがり、縦割りの弊害が指摘されていました。そこで、こどもまんなか社会の実現に向けて、子ども政策に一元的に取り組む組織として2023年4月にこども家庭庁が設置され、専任の大臣もおかれました。

　同時に、子ども政策を進めるための基本理念等を定めたこども基本法も施行されました（こども基本法の内容は**8**参照）。

2．こども家庭庁の役割

　こども家庭庁は、子どもや子育て家庭の福祉の増進や保健の向上、子どもの健やかな成長や子育て家庭に対する支援、子どもの権利利益の擁護等の施策を担当します。そのため、それまでは厚生労働省の関係部局が別々で担当していた施策の大部分や、内閣府や文部科学省などのそれぞれの省庁が担当していた子どもにかかわる施策を総合的、一体的に担当することになりました。

　ただし、教育に関することは引き続き文部科学省が担当します。

3．児童福祉法の改正

　子ども・子育て支援策の充実のために2022年に児童福祉法が改正され、順次以下のような支援策の整備が進められています。

（1）子育て世代に対する包括的な支援体制の充実強化

　従来、市町村では子ども家庭総合支援拠点（福祉分野）や子育て世代包括支援センター（母子保健分野）が相談支援を行っていました。2024年度からはこれらを一体化して「こども家庭センター」として運用し、すべての妊産婦・子育て世帯・子どもの包括的な相談支援を行います。あわせて、支援が必要な子どもや妊産婦等を支援するためのサポートプランの作成が市区町村の業務として位置づけられました。

（2）児童養護施設等の年齢制限の撤廃と支援機能の強化

　従来は、児童養護施設や里親の利用は18歳まで（例外的に22歳）でしたが、一律の年齢制限はなくなり、施設や都道府県が自立可能と判断する時期まで継続して利用できるようになりました。また、施設退所者等の相談に対応する支援拠点も整備されることになりました。

（3）妊産婦に対する支援の強化

　身近に頼れる人がいない等の困難を抱える妊産婦を継続的に支援する、妊産婦等生活援助事業が創設されることになりました。

（4）子どもの意見聴取の仕組みの整備

　児童相談所等が児童を施設へ入所させたり一時保護を行う際には、子ども本人の意見を聴取することになりました。この仕組みの整備や運用のあり方は、子どもの権利の尊重の観点から特に注目されています。

（5）一時保護に対する裁判所の関与

　虐待を受けた児童等を一時保護する場合、親が同意しない場合には、従来は児童相談所が単独で実行できましたが、今後法律が施行されると、裁判所から一時保護状を発行してもらう手続きが必要になります。

4．さまざまな支援策の整備

　前述した児童福祉法改正による支援策以外にも、こども家庭庁の発足を契機にさまざまな施策の整備や充実が図られています。

　次のような事業を行う市町村に対し、国が補助を行います。

（1）妊娠初期から子育てまでの支援事業

　妊娠初期から低年齢期の子育てまでその妊婦や家庭に寄り添い、継続的に相談にのり必要な支援等につなぐ「伴走型相談支援」や、妊婦等に対して妊娠届出時と出生届後に経済的支援を行います。

（2）産後早期の支援事業

　退院直後の母子に対して、心身のケアや育児のサポート等のきめ細かな支援をします。病院等に宿泊して休養などをする「宿泊型」、日中に事業の実施場所に通って利用する「デイサービス型」、担当者が利用者の自宅に赴く「アウトリーチ型」があります。

（3）未就園児等訪問などアウトリーチの事業

　保育所や幼稚園等を利用していない未就園児の家庭を継続的に訪問して困りごとを把握し、必要な支援やサービスに結びつける事業です。

（4）未就園児の定期的な預かり事業

　普段、保育所や幼稚園等を利用していない未就園児を保育所等の空き定員を利用して定期的に預かることで、ほかの児童とのかかわりを通した子どもの発達支援や、保護者の育児負担の軽減を図ります。

（5）地域におけるいじめ防止対策の体制構築

　いじめの発生防止や長期化、重大化を防ぐために、学校外からのアプローチによって対策をする体制整備を進めています。また、スクールカウンセラーやスクールソーシャルワーカーの配置の充実、SNS等を活用した相談体制の整備も図ります。

5 子ども・子育て支援策の全体像を知る

一口に子ども・子育て支援策といっても、いろいろな対象や分野、実施主体があると思います。概要をつかむために全体像を教えてください。

POINT　ここでは、法制度や補助金などに基づいて行われる公的な支援策を中心に紹介します。一つの支援策が複数の分野を対象にしている場合は、主な対象を基準に分類しました。なお、これらの支援策のうち、主なものは第2章及び第3章で紹介しています。その他の事業については、厚生労働省や市町村のホームページ等で確認してください。

1．子育てを支援する施策

（1）企業等の雇用主による取り組み

①産前産後休暇や育児休暇、育児休業等

②一般事業主行動計画の策定

③次世代育成支援に熱心な企業を国が認定する制度

④ワークライフバランス推進の取り組み

（2）保育の施策

①保育事業

　保育所、認定こども園、小規模保育、事業所内保育、家庭的保育（保育ママ）、居宅訪問型保育、延長保育、病児保育

②地域子ども・子育て支援事業

　乳児家庭全戸訪問事業（こんにちは赤ちゃん事業）、養育支援訪問事業、子育て短期支援事業、ファミリー・サポート・センター事業、

一時預かり事業、放課後児童健全育成事業（放課後児童クラブ）

（3）児童の健全育成施策

児童館、児童遊園、母親クラブ、子ども会、児童福祉文化財の推薦及び児童館等での上映や上演

（4）児童手当等の金銭給付による施策

2．要保護児童に対する支援策

（1）児童虐待の防止と対応

①広報啓発

児童虐待防止推進月間、オレンジリボン・キャンペーン

②早期発見と対応

通報義務、要保護児童地域対策協議会（虐待防止ネットワーク）、一時保護、親権停止と児童養護施設の施設長等による親権行使

（2）要保護児童等の支援

①里親制度

養育里親、専門里親、親族里親、養子縁組里親

②施設

乳児院、児童養護施設、小規模住居型児童養育事業（ファミリーホーム）、児童自立生活援助事業（自立援助ホーム）、児童心理治療施設、児童自立支援施設

3．障害児に対する支援策

①身体・知的・精神の各障害者の手帳制度

②身体の障害を除去・軽減するための医療費の自己負担額を軽減する自立支援医療

③補装具の給付や修理

④在宅サービス（居宅介護、同行援護、行動援護、短期入所、移動支援、日中一時支援、重度障害者等包括支援）

⑤通所支援（児童発達支援、医療型児童発達支援、居宅訪問型児童発達支援、放課後等デイサービス、保育所訪問支援）

⑥入所支援（福祉型障害児入所施設、医療型障害児入所施設）

⑦手当（特別児童扶養手当、障害児福祉手当）

4．医療的ケア児に対する支援策（障害児に対する支援策以外）

①日中一時支援事業

②医療的ケア児支援センター

③医療的ケア児医療情報共有システム

④医療的ケア児受け入れに伴う、事業者に対する補助や報酬の加算等（保育所、学校、放課後児童クラブ、障害児通所支援等）

5．生活困窮世帯の子どもに対する支援策（生活保護以外で）

①支援計画の策定（都道府県計画、市町村計画）

②子どもの生活・学習支援事業

6．ひとり親家庭及びその子どもに対する支援策

①子育て支援

子育て短期支援事業、ひとり親家庭等日常生活支援事業（ホームヘルパー派遣）、ひとり親家庭等生活向上事業

②就業支援

自立支援教育訓練給付金、高等職業訓練促進給付金、母子家庭等就業・自立支援事業、母子・父子自立支援プログラム策定事業

③経済的支援（児童扶養手当、ひとり親家庭等医療費助成、母子父子寡婦福祉資金貸付、ひとり親家庭住宅支援資金貸付）

④優先的な利用（保育所、放課後児童健全育成事業、公営住宅等）

⑤施設

母子生活支援施設、母子・父子福祉センター、母子・父子休養ホーム

7．母子保健に関連する支援策

①母子健康手帳の交付

②産後ケア事業

③未熟児養育医療給付事業

④健診（妊婦健診、乳児健診、1歳6か月児及び3歳児健診）

⑤多胎妊産婦の支援（多胎ピアサポート事業、多胎妊産婦サポーター事業等）

8．教育に関連する支援策

①生活保護（小学校・中学校は教育扶助、高校は生業扶助で対応）

②就学援助制度

③いじめ防止基本方針の策定、いじめ対策組織の整備

④スクールソーシャルワーカーの配置

9．不良行為をしたりそのおそれのある児童に対する支援策

①退職した警察官によるスクールサポーター

②保護司会による更生保護サポートセンター

③法務少年支援センター（少年鑑別所が行う地域のための非行犯罪防止活動）

④警察による相談窓口や電話相談（ヤングテレホンコーナー）

⑤これから審判を受ける少年を鑑別する少年鑑別所

⑥家庭裁判所による少年審判（保護観察、児童自立支援施設送致、少年院送致等の決定）

⑦保護観察官と保護司による保護観察

10．外国籍の子どもに対する支援策

①希望者の小中学校での受け入れ

②日本語指導等の特別な教育課程編成による支援

第2編 制度編

第2章

子ども・子育て支援の
ための法制度

 第2章の目的

　第2章では、子ども・子育て支援と児童虐待防止にかかわる法
制度を概観します。

　児童委員は行政職員でも法律の専門家でもありません。した
がって、それぞれの制度の対象になるかどうかを判断したり、具
体的な手続きをする必要はありません。

　とはいっても、子ども・子育て支援に関して相談を受けたとき
に、「制度のことは何も知りません」では困ります。「このような
問題に対してはこんな制度があったはずだ」ということを漠然と
でも頭に浮かべながら、相談に乗ったり、問題に対応するほう
が、より早く解決に近づけるでしょう。

　そこで、第2章では子ども・子育て支援にかかわる法制度の概
要を紹介します。子どもの権利保障の観点から解説したもの、具
体的な支援内容を解説したものなど、説明のポイントは法の性格
により異なりますが、いずれも、子ども・子育て支援とどのよう
な点でかかわりがあるかを意識しながら読んでください。

※「児童虐待防止法」については第4章で詳細に紹介するため、
　本章では除いてあります。

6 子ども・子育て支援にかかわる法

子ども・子育て支援にかかわる法にはどのようなものがありますか。
児童委員はそうした法をどの程度理解しておく必要がありますか。

POINT　児童委員には子ども・子育て支援に役立つサービスの紹介、
専門機関への紹介や橋渡しなどの役割が期待されています。
そのため、関係する法律の概要、例えば、「このような困りご
とや問題がある場合、それに対応できそうなこういった分野
の法がある」という程度のことは知っておくとよいでしょう。

答え　子ども・子育て支援にかかわる法は対象が幅広く設定されて
いるなかで、次のように子ども・子育て支援も対象に含む法律
と、もっぱら子ども・子育て支援を対象にする法律に分けられます。

1. 対象が子ども・子育て支援を含む幅広い法律（主なもの）

①民法

②地域保健法

③母子及び父子並びに寡婦福祉法

④生活保護法

⑤生活困窮者自立支援法

⑥身体、知的、精神、発達の各障害者を支援する法律

⑦配偶者からの暴力の防止及び被害者の保護等に関する法律（配偶者暴
力防止法）

⑧自殺対策基本法

⑨労働基準法、育児休業、介護休業等育児又は家族介護を行う労働者の
福祉に関する法律（育児・介護休業法）

2. もっぱら子ども・子育て支援を対象にした法律（主なもの）

①こども基本法

②児童福祉法

③子ども・子育て支援法

④少子化社会対策基本法

⑤次世代育成支援対策推進法

⑥就学前の子どもに関する教育、保育等の総合的な提供の推進に関する法律

⑦児童虐待の防止等に関する法律（児童虐待防止法）

⑧母子保健法

⑨児童手当法、児童扶養手当法、特別児童扶養手当等の支給に関する法律

⑩教育基本法

⑪子どもの貧困対策の推進に関する法律

⑫少年法

⑬子ども・若者育成支援推進法

⑭児童買春、児童ポルノに係る行為等の規制及び処罰並びに児童の保護等に関する法律

3. 民生委員としての法律の理解

　民生委員は、ある法律に基づく支援やサービスが利用できるかどうか（その子や家族が対象になるかどうか）を判断する立場ではありません。「このようなことで困っているなら、確かこの法に基づくサービスや支援策がある」といった程度のことを知っておき、そのうえで、利用する場合の窓口や機関を紹介できればよいでしょう。

　すぐわからない場合は曖昧に答えず、一度自分で問い合わせるなどしてから回答し、誤った情報提供をしないよう気をつけてください。

第2章

6

子ども・子育て支援にかかわる法

21

7　子どもを含めてすべての国民の権利を保障する「日本国憲法」

日本国憲法に、子ども・子育て支援に関連する規定はありますか。また、日本国憲法は子ども・子育て支援とどういう関係がありますか。

POINT
日本国憲法（以下「憲法」）は、「子女に教育を受けさせる義務」「児童の酷使の禁止」を定めています。これ以外に、児童や子どもを直接対象にした規定はありませんが、そもそも憲法は国民全員にかかわる法律ですから、憲法が保障する各種の権利は当然子どもにも適用されます。

　憲法は、第26条第2項で「すべて国民は、法律の定めるところにより、その保護する子女に普通教育を受けさせる義務を負う」、第27条第3項で「児童は、これを酷使してはならない」と規定しています。

　憲法には、これ以外に児童や子どもなどの言葉は登場しませんが、このことは、子どもがないがしろにされているという意味ではありません。そもそも憲法は日本国民全体を対象にしているわけですから、わざわざ子どもなどの言葉を使わなくても、「国民」「何人」という表現には、当然子どもも含まれています。したがって、私たちは、児童や子どもなどの言葉にこだわらず、憲法が国民に保障している権利の内容を知り、それが大人だけでなく子どもにも等しく保障されているかを、子どもの立場をふまえてみていくことが大切です。

　以上をふまえ、憲法のなかで国民の権利が明記されている主要な条文を紹介しますが、近年は子どもの意思表明や自己決定を尊重する観点から、第13条に示されている個人の尊重という理念が重視されるように

なっています。

第 11 条　国民は、すべての基本的人権の享有を妨げられない。この憲法が国民に保障する基本的人権は、侵すことのできない永久の権利として、現在及び将来の国民に与へられる。

第 13 条　すべて国民は、個人として尊重される。生命、自由及び幸福追求に対する国民の権利については、公共の福祉に反しない限り、立法その他の国政の上で、最大の尊重を必要とする。

第 14 条　すべて国民は、法の下に平等であつて、人種、信条、性別、社会的身分又は門地により、政治的、経済的又は社会的関係において、差別されない。

第 18 条　何人も、いかなる奴隷的拘束も受けない。又、犯罪に因る処罰の場合を除いては、その意に反する苦役に服させられない。

第 25 条　すべて国民は、健康で文化的な最低限度の生活を営む権利を有する。

②　国は、すべての生活部面について、社会福祉、社会保障及び公衆衛生の向上及び増進に努めなければならない。

第 26 条　すべて国民は、法律の定めるところにより、その能力に応じて、ひとしく教育を受ける権利を有する。

このうち第 25 条は生存権と呼ばれ、この理念に基づいて生活保護法や児童福祉法などの福祉にかかわる法律が整備されています。

憲法には、上記以外にもさまざまな権利が規定されています。それらが大人だけでなく子どもにも保障されているか、そして、児童福祉法をはじめとする子ども・子育て支援にかかわる法律が、憲法が明記している生存権などを具体的に保障する内容になっているか、実際にどのように運用され子ども・子育て支援に寄与しているかという点に関心をもってみていく必要があります。

8 子どもを権利の主体と位置づけ、尊重する「こども基本法」

子どもの支援に関する基本理念は法律でどのように規定されていますか。児童委員としてはどのように受けとめればよいでしょうか。

POINT
子どもの支援に関しては、こども基本法で、すべての子どもが個人として尊重されることや差別されないことなどの基本理念が定められています。これらの基本理念は、児童委員活動においても尊重すべき基本理念ということができます。

1. 制定の経緯

　子どもの支援に関しては、これまで国の各省庁や地方自治体がそれぞれの法律等に基づいて取り組みを進めてきましたが、それらの基本となる理念や共通事項は法で規定されていませんでした。

　そこで、2023年4月のこども家庭庁の発足に合わせ、子どもの支援に社会全体で総合的に取り組む姿勢を明確にするために、基本理念や共通事項を内容とする「こども基本法」が制定されました。

2. こども基本法の目的

　こども基本法第1条は「この法律は、日本国憲法及び児童の権利に関する条約の精神にのっとり（中略）こども施策を総合的に推進することを目的とする」と規定しています。

　ここには、日本国憲法に加えて、「児童の権利に関する条約の精神」が掲げられていますが、この条約は、子どもの基本的人権を国際的に保障するために設けられたもので、日本は1994年に批准しています。

3. 基本理念と児童委員活動とのかかわり

　こども基本法の精神の基盤となっている「児童の権利に関する条約」

では、子どもを権利の主体と位置づけることや、子どもをひとりの人間として人権を認めることなどを定めています。

この考え方は、こども基本法のなかでは次のとおり規定されています。

> 第3条　こども施策は、次に掲げる事項を基本理念として行われなければならない。
>
> 一　全てのこどもについて、個人として尊重され、その基本的人権が保障されるとともに、差別的取扱いを受けることがないようにすること。
>
> 二　全てのこどもについて、適切に養育されること、その生活を保障されること、愛され保護されること、その健やかな成長及び発達並びにその自立が図られることその他の福祉に係る権利が等しく保障されるとともに、教育基本法の精神にのっとり教育を受ける機会が等しく与えられること。
>
> 三　全てのこどもについて、その年齢及び発達の程度に応じて、自己に直接関係する全ての事項に関して意見を表明する機会及び多様な社会的活動に参画する機会が確保されること。
>
> 四　全てのこどもについて、その年齢及び発達の程度に応じて、その意見が尊重され、その最善の利益が優先して考慮されること。
>
> （五・六略）

いずれも対象は「全てのこども」です。そして、この「全てのこども」に対し、個人としての尊重や基本的人権の保障、福祉や教育に関する権利の保障、意見表明の機会の確保、多様な社会的活動に参加する機会の確保など、児童委員活動においても尊重すべき各分野における大切な理念が示されています。

9 児童に対する福祉施策全般を 規定する「児童福祉法」

児童福祉制度の中心が児童福祉法だということは、名称からもわかり
ますが、児童福祉法は具体的にどのような内容なのでしょうか。

POINT
児童福祉法（1947年制定）は、最初に児童福祉にかかわる
法制度全般に共通する原理を示したうえで、児童福祉にかか
わる専門機関や資格、施設、サービスなど、児童福祉全般に
かかわる事項を規定しています。また、児童委員の選出や役
割についても規定しています。

1．法制定の目的と枠組み

　児童福祉法は、第二次世界大戦後の1947年、国民全体が窮
乏状態にあり、戦災孤児や浮浪児などへの対応が急務となっているなか
で国の未来を担う子どもの福祉の増進を図るために制定されました。日
本で最初に「福祉」という言葉が使われた法律です。

　児童福祉法は児童福祉全般を規定した総合的な法律として位置づけら
れたことから、新しい児童福祉の姿を示すとともに、それまであった少
年救護法や児童虐待防止法を吸収した内容になりました。そのため少年
救護法にあった非行少年を対象にした少年教護院は児童福祉法のなかで
教護院と位置づけられ、さらにその後の法改正により児童自立支援施設
と名称が変わっています。

　また、児童虐待防止法は児童福祉法制定時に廃止されましたが、その
後児童虐待問題が深刻化し、その防止が重要課題となったことから、
2000年に児童虐待の防止等に関する法律が制定されました。

2．児童福祉法の位置づけ

　児童福祉法第3条は「前2条に規定するところは、児童の福祉を保障するための原理であり、この原理は、すべて児童に関する法令の施行にあたって、常に尊重されなければならない」と規定しています。

　ここでいう「前2条」とは、児童の権利や、国民、国及び地方公共団体、保護者のそれぞれの責任を規定した条文のことですが、問7で紹介した憲法が各法の上位に位置づけられる最高法規であるとすれば、児童福祉分野の最高法規は児童福祉法ということができます。

3．内容

　以上の理念に基づき、児童福祉法は、児童の定義や年齢による区分、国及び地方公共団体の責務、児童福祉審議会、児童相談所、保育士、児童福祉司、障害児に対する支援事業、児童福祉施設（助産施設、乳児院、母子生活支援施設、保育所、幼保連携型認定こども園、児童厚生施設、児童養護施設、児童自立支援施設、各種の障害児施設）、里親、放課後児童健全育成事業をはじめとする子育て支援事業、要保護児童の措置、児童虐待への対応、小児の特定の疾病に対する医療費の支給、各事業に対する国と地方公共団体の費用分担、要保護児童対策地域協議会など、幅広い事項を規定しています。

4．児童委員に関係する規定

　児童委員との関係では、児童委員及び主任児童委員に関して、選任手続き（第16条）、職務の内容（第17条）、市町村長や児童相談所長との関係（第18条）、研修（第18条の2）などが規定されています。

　また、要保護児童に対する支援における児童委員の役割として、通告の仲介（第25条）、児童相談所長の措置による指導（第26条）、都道府県の措置による指導（第27条）や立入調査（第29条）、保護者からの相談への対応（第30条）などが規定されています。

10 子どものための親権の行使を求める「民法」

以前の民法にあった、「親は子どもを懲戒できる」という主旨の規定が
なくなったと聞きましたが、どのように変化したのでしょうか。児童
委員として知っておくべきことがあれば教えてください。

POINT 2022年12月に民法が改正され、それまで親に認められてい
た懲戒権が廃止される一方、その子の利益のために親権を行
使するように義務づけられました。子ども・子育て支援にあ
たって、児童委員は、これらの法の主旨を正しく理解してお
くことが大切です。

答え 1．親権は親のためでなく子のためにある

　親権とは、未成年の子（18歳未満）を育てるために、子ど
もの面倒をみたり、教育やしつけをしたりするために親に与えられてい
る権利と義務をいいます。ここでいう権利とは、子育てに関して外部か
ら不当な干渉を受けずに親の判断で行える権利であり、決して、親が子
どもを自分の好きなようにできる権利ではありません。

　しかし、このような権利の解釈はかつては民法に明記されていません
でした。そこで、まず2012年4月の民法改正で、親権は「子の利益の
ために」あることが明確にされ、「親権を行う者は、子の利益のために
子の監護及び教育をする権利を有し、義務を負う」（第820条）ことが
規定されました。

2．体罰や懲戒の禁止

　しつけと称して親が子どもに暴力を振るう行為が後を絶たないことか
ら、その根絶を図るために次のような法改正が行われてきました。

児童虐待の防止等に関する法律は、2019年6月の改正で「児童のしつけに際して、体罰を加えることその他民法第820条の規定による監護及び教育に必要な範囲を超える行為により当該児童を懲戒してはならず、当該児童の親権の適切な行使に配慮しなければならない」として体罰を禁止しました。

一方、このときに民法の改正は行われず、「親権を行う者は、第820条の規定による監護及び教育に必要な範囲内でその子を懲戒することができる」（第822条）という規定は残ったままでした。結果的に、この条文が暴力を正当化する口実に利用されてしまうことがありました。

そこで、2022年12月に民法第822条が削除され、これにより親権者が懲戒をできる根拠がなくなりました。

3. 子どもに合わせた監護や教育をすることが親権者の責任

一方、2022年12月の法改正では、新たに「親権を行う者は、前条の規定による監護及び教育をするに当たっては、子の人格を尊重するとともに、その年齢及び発達の程度に配慮しなければならず、かつ、体罰その他の子の心身の健全な発達に有害な影響を及ぼす言動をしてはならない」（第821条）という規定が新設されました。

これは、児童福祉法などにもある考え方ですが、子どもの年齢や発達の程度を考慮せずに厳格なしつけをしたり、過度な期待をして無理な教育を強制したりすることなどは認められないことを意味しています。

4. 児童委員として2つのことを知っておく

児童委員は、親権者には、①体罰が認められていないこと、②第821条の通り子どもに過度の要求や目標を設定してしつけや教育などを強いる行為も認められていない（程度によっては虐待になる）こと、を念頭において活動するとよいでしょう。

11 すべての子どもの教育を受ける権利を保障する「教育基本法」

子どもの教育を受ける権利は法律でどのように規定されていますか。

POINT

すべての国民が教育を受ける機会を与えられることが、教育基本法に明記されています。

1．教育基本法のねらい

教育基本法は、第二次世界大戦からの日本の復興を担う子どもたちが等しく教育を受けられるように、1947年に制定され、その後、2006年に全面改正されました。名称の通り、我が国の教育政策の基本原理が示されており、この法の理念をもとにして各分野の教育に関連する法律ができています。

子ども・子育て支援は、法律や行政の区分でいうと主に福祉分野に属しますが、子どもの成長、発達には、教育の保障が不可欠です。

2．教育基本法のポイント

教育基本法には、子どもには教育を受ける権利があることや、それを誰がどうやって保障するかといったことが規定されています。

まず第1条で、「教育の目的」を次のように規定しています。

> 第1条　教育は、人格の完成を目指し、平和で民主的な国家及び社会の形成者として必要な資質を備えた心身ともに健康な国民の育成を期して行われなければならない。

そして、教育の保障や責任主体などを次の通り規定しています。これらの理念が実現しているかどうか、注視していくことが大切です。

①国民は教育上の差別を受けない（第4条第1項）

> すべて国民は、ひとしく、その能力に応じた教育を受ける機会を与えられなければならず、人種、信条、性別、社会的身分、経済的地位又は門地によって、教育上差別されない。

②障害児に対する教育を保障する（第4条第2項）

> 国及び地方公共団体は、障害のある者が、その障害の状態に応じ、十分な教育を受けられるよう、教育上必要な支援を講じなければならない。

③経済的に困難な者の修学を保障する（第4条第3項）

> 国及び地方公共団体は、能力があるにもかかわらず、経済的理由によって修学が困難な者に対して、奨学の措置を講じなければならない。

④国民は子どもに教育を受けさせる義務がある（第5条第1項）

> 国民は、その保護する子に、別に法律で定めるところにより、普通教育を受けさせる義務を負う。

⑤保護者は子の教育について第一義的責任をもつ（第10条第1項）

> 父母その他の保護者は、子の教育について第一義的責任を有するものであって、生活のために必要な習慣を身に付けさせるとともに、自立心を育成し、心身の調和のとれた発達を図るよう努めるものとする。

⑥行政は家庭教育を支援するための施策を講じる（第10条第2項）

> 国及び地方公共団体は、家庭教育の自主性を尊重しつつ、保護者に対する学習の機会及び情報の提供その他の家庭教育を支援するために必要な施策を講ずるよう努めなければならない。

12 子ども・子育て支援にかかわる その他の主な法

子ども・子育て支援に関連するさまざまな法があるということですが、具体的にどのような法がありますか。

POINT 子ども・子育て支援に関してはさまざまな法があります。法の概要を学び、国や地方公共団体、企業等がどのような理念に基づいて取り組みをしているか知っておくとよいでしょう。

答え ここでは、子ども・子育て支援に関係する法のうち、**7**から**11**で紹介した法以外で、支援や対策にかかわる主な法を紹介します。

（１）母子及び父子並びに寡婦福祉法（1964年制定）

この法は、母子家庭、父子家庭、寡婦（死別や離婚などにより配偶者のいない女性）の生活の安定と向上を目的に、就業支援、公共サービス利用時の特別な配慮、福祉資金の貸付け、日常生活支援事業などを規定しています。また、児童委員の協力も規定しています。

（２）母子保健法（1965年制定）

この法は、母親（出産前を含む）と乳幼児の健康の保持・増進を目的に、市町村が中心になって取り組む母子健康手帳の交付、健康診査、養育支援、養育医療の給付などを規定しています。

（３）配偶者からの暴力の防止及び被害者の保護等に関する法律（2001年制定）

この法は「配偶者暴力防止法」とも呼ばれ、夫婦間（事実婚や元夫婦等も含む）の暴力防止と被害者保護を規定しています。子どもの面前での暴力は児童虐待であることから、児童虐待防止にとっても重要な法で

す。

（４）少子化社会対策基本法（2003 年制定）

　この法は、少子化に対応する施策の基本理念や国及び地方公共団体の責務、施策の基本事項などを明らかにするために制定されました。この法に基づき、政府は 2004 年に総合的な少子化対策の指針となる少子化社会対策大綱を策定しました。その後、大綱は数回改正が行われましたが、2022 年に制定されたこども基本法に基づき、政府が策定することとなった「こども大綱」のなかに含まれることになりました。

（５）次世代育成支援対策推進法（2003 年制定）

　この法は、次世代を担う子どもの育成支援を目的に制定されました。地方公共団体や企業等が行動計画を策定して、次世代育成支援に集中的に取り組むことが規定されています。当初は 10 年間の時限法でしたが、2014 年の改正によって 10 年間延長されました。また、延長に合わせて、次世代育成に熱心な企業に対する認定制度が導入されました。

（６）子ども・若者育成支援推進法（2009 年制定）

　この法は、子どもや若者をめぐる環境が悪化し、困難を有する子どもや若者の問題が深刻化するなかで、その健やかな育成や社会生活を円滑に営むことができるように支援するための基本理念、国及び地方公共団体の責務、施策の基本事項等を明らかにするために制定されました。

　地域において支援ネットワークを構築することや、ワンストップ相談窓口を整備すること等が規定されています。子ども・若者という言葉の通り、支援対象の年齢は幅広く設定され、柔軟な支援が行われています。

（７）子ども・子育て支援法（2012 年制定）

　この法は、消費税を 5 ％から 8 ％に引き上げ、消費税の使い道のなかに少子化対策も加えられたことに伴って制定されました。市町村が子ど

も・子育て支援事業計画を策定して「現金給付」「教育・保育給付」「施設等利用給付」を行うこと等が規定されています。子ども・子育て支援法や関連する法が整備されたことにより、これ以降、保育所や認定こども園、さらに各種の保育サービスの整備が進みました。

（8）母子家庭の母及び父子家庭の父の就業の支援に関する特別措置法（2012年制定）

この法は、母子家庭や父子家庭の自立に必要な安定的就労を実現するために、国や地方公共団体が計画的に支援することや、民間事業者に対して協力を要請することなどを規定しています。

（9）子どもの貧困対策の推進に関する法律（2013年制定）

この法は、子どもの現在及び将来が生まれ育った環境で左右されることがないよう、すべての子どもが心身ともに健やかに育成され、教育の機会均等が保障され、子ども一人ひとりが夢や希望をもつことができるようにすること等を目的に制定されました。親の妊娠から子どもの自立までの切れ目のない支援、支援が届きにくい子どもや家庭に配慮した支援等に加え、生活の安定に向けた保護者に対する支援等も規定されています。また、政府に対しては、施策の実施状況を検証して国会に報告するとともに公表することが義務づけられています。

（10）各種の手当にかかわる法

子どものいる家庭の生活の安定等を目的にして、0歳〜15歳（15歳の誕生日後の最初の3月31日まで）の子どものいる世帯に支給する児童手当にかかわる「児童手当法」（1971年制定）、ひとり親世帯に支給する児童扶養手当にかかわる「児童扶養手当法」（1961年制定）、障害児のいる世帯に支給する特別児童扶養手当にかかわる「特別児童扶養手当等の支給に関する法律」（1964年制定）が制定されています。

第3章

子ども・子育て支援に
かかわる機関と施設

 第3章の目的

　第3章では、子ども・子育て支援にかかわる行政機関や施設などについて学びます。児童委員が子ども・子育て支援に取り組む場合、行政機関に関する知識は不可欠です。

　例えば「どこに行けばこのサービスの利用申し込みができるのか」と聞かれたときに、基本的な知識があれば対応がスムーズにいくでしょう。一方で、児童委員は行政機関から、子どものいる世帯の調査や情報収集などを依頼される場合もあります。その場合、児童委員が行政機関の役割や事業の構造をある程度知っていれば、対応もスムーズにいくでしょう。

　紙幅の関係もあり、児童相談所や市町村など、限られた行政機関しか紹介できませんが、児童委員活動をスムーズに進めるためにも、関係行政機関や施設の基本的役割や主要な事業を理解しておくとよいでしょう。

13 児童相談所

児童相談所は子ども・子育て支援にどのような役割をもち、どんな事業を行っていますか。児童委員とはどういうかかわりがありますか。

POINT
児童相談所は、児童福祉における専門的知識や技術が必要なケースへの対応、市町村の後方支援、一時保護や施設入所措置等の役割を担っています。児童委員としては、児童福祉に関する専門的相談のつなぎ先や児童虐待の通告先としてかかわる場合があります。また、児童相談所から児童の見守りや調査などを依頼される場合もあります。

答え

1．概要

（1）設置

　児童相談所は、児童福祉法に基づいて都道府県と政令指定都市に設置義務があります。また、東京23区や中核市なども設置することができます。人口50万人当たり1か所の設置が目安とされていることから、各都道府県内で複数設置され、全国で230か所（2023年2月1日現在）設置されています。このうち151か所には一時保護所が併設されています。

（2）職員体制

　児童相談所には、所長などの管理職、相談や指導の中心となる児童福祉司や児童心理司、医師や保健師、心理療法担当職員、弁護士（常勤とは限らない）などが配置されています。また、併設される一時保護所には児童指導員と保育士が配置されています。

2．役割

児童相談所は次のような役割を担っています。

（1）市町村の支援

かつて児童福祉のあらゆる相談に児童相談所が対応していましたが、現在はその役割を市町村が担っています。ただし、市町村だけでは専門的対応に限界があることから、市町村長は、対応にあたって専門的知識や技術が必要な場合は「児童相談所の技術的援助及び助言を求めなければならない」と児童福祉法で定められています。また、医学的、心理学的、教育学的、社会学的及び精神保健上の判定を必要とする場合には、「児童相談所の判定を求めなければならない」ことも定められています。

（2）専門的相談の受付、調査、診断、判定

相談内容には、大別して①養護相談、②障害相談、③非行相談、④育成相談、⑤保健相談、⑥いじめ相談、⑦その他の相談があります。

これらの相談を受けた場合、児童相談所は、専門的な角度から総合的な調査や診断などを行い、総合的な判定をします。

（3）一時保護の実施

現に遺棄されている子どもを保護する場合、虐待を受けている子どもを家庭から一時的に分離する場合、子ども自身の行動が他人の身体や財産に危険を及ぼしている場合などに一時保護が行われます。

一時保護期間中は、援助指針を定めるための行動観察や生活指導を行う場合があります。また、短期間で心理療法・カウンセリングなどが有効だと思われる場合に利用されることもあります。

（4）保護者の在宅指導及び児童福祉施設への入所措置等

相談内容に応じて対応方法は異なりますが、在宅での対応としては、①保護者に対する専門的な助言や指導、②他機関への連絡（送致）、③市町村や児童家庭センターや児童委員（主任児童委員を含む）による指

導等を行う場合があります。

　在宅での対応が難しい場合には、①児童福祉施設（乳児院、児童養護施設、障害児入所施設等）への入所措置、②里親やファミリーホームへの委託、③家庭裁判所への送致（強制措置が必要な場合等）、④重度の障害が重複している場合の医療機関への委託措置などを行います。

（5）里親に関すること

　里親の認定や登録、里親への子どもの委託やその後のフォロー、さらに里親制度の広報活動なども行います。

（6）関係機関の連携の推進

　関係機関が相互の役割や業務内容等を正しく理解し、子どもや家庭の支援を一体的に行えるよう、要保護児童対策地域協議会や関係機関のネットワーク化などを推進します。

（7）親権喪失宣告の請求等の民法上の役割

　子どもの親権者がその義務を果たさない場合（例：治療に手術が必要なのに親権を盾にして手術を拒否する）に、児童相談所長が親権者の親権喪失宣告の請求を行うことができます。この場合、完全に親権を喪失させる方法と、一時的に親権を喪失させる方法があります。

3．児童虐待にかかわる業務と権限

　児童相談所は虐待の通告を受けた場合、早急に確認をしますが、保護者が協力的とは限りません。そこで、児童虐待の防止等に関する法律では通告を受けてからの手順やそれぞれにおける権限を次の通り定めています。

①通告を受けたら速やかに安全確認をする。

②安全確認ができない場合、出頭要求ができる。

③出頭しない場合には、立入調査をすることができる。

④立入調査を拒み、妨害した場合は、再出頭要求ができる。

⑤以上によっても出頭しない場合、裁判所の許可を得て臨検や捜索をすることができ、必要な場合は、錠を外す（鍵を壊す）などの措置をとることができる。これらの過程では警察官の立ち会いなどの援助を求めることができる。

４．児童相談所と児童委員とのかかわり

（１）専門的な情報やアドバイスを受けられる

児童委員は、市町村の児童福祉関係の部署だけでなく、児童相談所から専門的アドバイスや情報提供を受けることも可能です。

（２）児童委員が児童相談所に虐待を通告する

要保護児童を発見した者は児童相談所や市町村などに通告する義務がありますが、その方法は「児童委員を介して」もよいことになっています。つまり、児童委員は、自ら発見して通告する場合だけでなく、地域住民から連絡を受けて通告する場合があるということです。

（３）児童委員が児童相談所から調査を委託される

保護を要する子どもや家庭の調査を委託される場合があります。

（４）児童相談所から児童委員指導を依頼される

児童委員は、児童相談所が児童福祉法に基づいて行う措置の一つである「児童委員指導」の依頼を受ける場合があります。指導の対象になるのは「問題が家庭環境にあり、児童委員による家族間の人間関係の調整又は経済的援助等により解決すると考えられる事例」です。

「指導」となっていますが、実際にはあまり複雑ではなく、日常的な見守りや声かけなど、児童委員としても対応可能な家庭などが該当します。なお、必要に応じて、事例検討会議に出席を求められる場合もあります。

14 市町村

市町村は子ども・子育て支援にどのような役割をもち、どんな事業を行っていますか。児童委員とはどのような関係がありますか。

POINT

市町村は、住民に最も身近な行政機関として、子ども・子育て支援の相談を受けるなどさまざまな事業を行っています。児童委員は、それらの概要を知っておくとともに、日頃から地域の子どもや家庭の状況を把握しておき、支援が必要な場合に、速やかに市町村が行っている相談事業や各種サービスを利用できるように支援する役割が期待されます。

答え

1. 子ども・子育て支援における市町村の役割

（1）子ども・子育て支援に一義的に責任をもつ

かつて、子ども・子育て支援の役割は児童相談所が中心的に担っていましたが、2004年の児童福祉法の改正により、市町村が子ども・子育て支援の中心となることが明確にされました。これは、市町村が住民に最も身近な自治体であり、近年、地域や家庭の子育て支援機能が低下しているなかで、地域に根ざしたきめ細かな支援が必要とされていることが背景にあります。

（2）市町村が対応する場合と児童相談所に送致する場合

市町村が相談や通告等を受けた場合、まずは市町村が行っている相談事業や各種のサービスでの対応を検討します。ただ、その内容が、立入調査や一時保護の実施、心身機能の判定、福祉施設への入所措置等のように、専門的対応や判断、法的な権限行使等が必要な場合には、児童相談所に対応を委ねることになります。

2. 子ども・子育て支援に関して市町村が行う事業の概要

　法律に基づいて市町村が一律に行っている事業と市町村独自の事業があります。内容は広範かつ多岐にわたりますが、一般的な相談や問い合わせへの対応、広報や情報提供、虐待防止の啓発などのほか、概ね以下のような事業が行われています。

　なお、事業によっては市町村直営ではなく他の専門機関や団体に委託して実施している場合があります。

分類	事業や支援策（※の内容は3を参照）
手当や補助金の支給等	・児童手当や遺児に対する手当　・子どもの医療費・保育費用の助成　・母子家庭や父子家庭の経済的支援　・障害児支援に関する費用の負担　など
相談や訪問による支援	・母子家庭や父子家庭の相談　・乳児家庭全戸訪問事業※（こんにちは赤ちゃん事業）　　・養育支援訪問事業※
子ども・子育て支援サービスと利用支援	・利用者支援事業※　・地域子育て支援拠点事業※ ・保育所等施設型給付と家庭的保育等地域型保育給付 ・病児保育　・放課後児童健全育成事業※ ・子育て短期支援事業※　・児童館及び児童センター ・ファミリー・サポート・センター事業（子育て援助活動支援事業）
母子の健康管理	・乳幼児健康診査や健康相談　　・妊産婦健康診査 ・妊娠届及び母子健康手帳の交付

3. 子ども・子育て支援に関して市町村が行う事業（一部）の内容

　前記2の事業のうち主要な事業を抜粋して紹介します。

（1）乳児家庭全戸訪問事業（こんにちは赤ちゃん事業）

　孤立を防ぐために、生後4か月までの乳児のいる全家庭を保健師や助産師等が訪問し、不安や悩みを聞き、情報提供等や親子の心身の状況や養育環境等の把握や助言等を行う事業。

（２）養育支援訪問事業

　育児ストレスや孤立感、産後うつなど、子育てに不安や課題を抱えている家庭や保護者の養育に対する支援が必要な家庭を、子育て経験者や保健師等が訪問して助言等を行う事業。

（３）利用者支援事業

　子育て家庭や妊産婦が、必要な施設や関係機関やサービスを円滑に利用できるように関係機関との連携体制を構築し、身近な場所で情報提供や助言等の支援を行う事業。

（４）地域子育て支援拠点事業

　乳幼児や保護者が交流する場を開設して、子育てについての相談、情報提供、助言等を行う事業。

（５）放課後児童健全育成事業（放課後児童クラブ）

　昼間仕事などで保護者が家庭にいない小学生（概ね 10 歳未満）を対象に、放課後に小学校の余裕教室や児童館等を利用して適切な遊びや生活をする場を設け、健全な育成を図ることを目的に行う事業。

（６）子育て短期支援事業

　保護者が病気や緊急な仕事などで一時的に養育困難になった場合に対応する事業で、次の二つがある。

①短期入所生活援助（ショートステイ）事業

　児童養護施設等で原則 7 日まで継続して預かり保護する事業

②夜間養護等（トワイライトステイ）事業

　平日の夜間または休日に対応する事業（宿泊も可）

４．市町村が設置する支援の拠点と協議の場

（１）母子健康包括支援センター（子育て世代包括支援センター）

　主に母子保健の観点から、妊娠から就学前の母子を対象に、保健師や助産師等の専門職が、妊娠、出産、育児の悩みや体調などの相談に乗

り、必要に応じて支援プランの作成や、訪問をして支援します。

（2）子ども家庭総合支援拠点

　地域の関係機関と連携して、子ども家庭全般の実情把握や情報の提供、相談への対応や総合調整等を行うとともに、支援が必要な児童や特定妊婦等に合わせた支援を行います。また、施設を退所した児童の支援、里親や養子縁組に関する支援、非行相談など、さまざまな支援を関係機関と連携しながら行います。

（3）要保護児童対策地域協議会

　支援が必要な児童や特定妊婦等の早期発見や対応を目的に、関係機関の情報交換や共有の場として設置されます。事例の具体的な情報を出し合うことから、協議会のメンバーには、秘密保持義務が課されています。地域の実情に応じ、①代表者会議、②実務者会議、③個別ケース検討会議、の3段階またはこのうちの2段階の会議が設けられます。

5．市町村と児童委員のかかわり

（1）市町村が行っている支援策の情報を提供し活用を支援する

　子ども・子育て支援策はどの市町村でも力を入れており、さまざまなサービスが登場しています。それらの概要や相談窓口などを把握しておき、必要に応じて紹介することが期待されます。

（2）市町村の担当課を窓口にして必要な支援につなぐ

　「子ども・子育て支援に関することはまずは市町村に相談する」と考えておくとよいでしょう。内容に応じて、専門的判断や法律による処分などが必要な場合は児童相談所に、障害が関係していれば身体障害や知的障害の更生相談所に移行する場合もありますが、民生委員はあらかじめそれらの点を明確に区別しなくても構いません。まずは地元の市町村の担当課に連絡することで、担当課が必要な聞き取りや調査等を行い、適切な対応をすることになっています。

15 福祉事務所

福祉事務所は子ども・子育て支援にどのような役割をもち、どんな事業を行っていますか。児童委員とはどのようなかかわりがありますか。

POINT　福祉事務所は福祉行政全般を担う専門機関です。家庭児童相談室を設けて子ども・子育て支援の相談に対応するとともに、虐待の通告先にもなっています。児童委員は、福祉事務所が行う生活保護世帯や母子世帯などへの支援の過程で、見守りなどの協力を依頼されることがあります。

1. 設置する自治体と住民の利用

　福祉事務所は、都道府県、市、東京23区に設置が義務づけられています。また、町や村も設置できるとされていて、町や村では福祉事務所がある場合とない場合があります。

　そのため、例えば福祉事務所の業務となっている生活保護に関する手続きをする場合、その人が市の住民であれば市の福祉事務所で手続きできますが、町や村の住民の場合、地元の町や村に福祉事務所があればそこで、なければ、都道府県が設置している当該地域を管轄する福祉事務所で手続きすることになります。つまり、福祉事務所を設置していない町や村の住民の手続きについては都道府県が設置する福祉事務所が担当するということです。

　福祉事務所の名称は、例えば保健所と一体化していると「保健福祉事務所」や「福祉保健センター」と呼ばれるなど、さまざまな場合があります。また、市役所の組織の一部として「○○市福祉部」や「○○市福祉課」等の名称の場合もあります。

２．主な業務と体制

　市が設置する福祉事務所は、福祉６法（児童福祉法、生活保護法、母子及び父子並びに寡婦福祉法、老人福祉法、身体障害者福祉法、知的障害者福祉法）に関する事務を行います。一方、都道府県が設置する福祉事務所は、老人福祉法、身体障害者福祉法、知的障害者福祉法（これらは市町村の事務とされている）以外の３法に関する事務を行います。

　福祉事務所には、所長、査察指導員、現業員（ソーシャルワーカー）、身体障害者福祉司、知的障害者福祉司などが配置されます。このうち、現業員の人数はその地域の生活保護世帯の数に応じて決まります。

３．家庭児童相談室の設置

　多くの福祉事務所が、子ども・子育て支援に関する機能を強化するために家庭児童相談室を設置しています。家庭児童相談室には専門職である家庭相談員や社会福祉主事が配置され、福祉事務所のなかで子ども・子育て支援に関して専門的技術を要する業務などを担当しています。

４．福祉事務所と児童委員のかかわり

　福祉事務所は福祉施策全般を担当していることから、生活保護世帯や母子家庭等の支援に関連して、子どもの支援や親子の見守り等を依頼される場合があります。

　例えば、生活保護世帯の子どもの就学費用は保護費として支給されますが、生活保護制度で子ども達の勉強の面倒をみてくれるわけではありません。あるいは、家庭児童相談室で相談を受けた母子家庭が、日常的に周囲による見守りを必要としている場合もあります。

　このように福祉事務所が行う子ども・子育て支援にかかわる業務のなかで、地域による見守りや日常的な支援が必要な場合等に、児童委員に協力を依頼されることがあります。

16 市町村保健センター

市町村が設置している母子の健康や保健にかかわる施設はどこでしょうか。そこでは、どのような支援を行っているのでしょうか。

POINT

かつて母子保健サービスは都道府県等が設置する保健所が中心となっていましたが、現在は市町村が設置する保健センターがその機能を担っています。保健センターは出産前から行う母親教室（母親学級）や出産後の乳幼児の健康診査等を通し、母子と継続的に接します。そのため、母子の様子を直接知ることができ、また、一定の信頼関係も構築できることから、気軽に相談を受けたり、ちょっとした会話のなかからその家庭の課題などに、気づきやすいといった特徴があります。

答え

1．市町村保健センターの概要

市町村保健センターは「住民に対し、健康相談、保健指導及び健康診査その他地域保健に関し必要な事業を行うことを目的とする施設」（地域保健法第18条第2項）です。母子保健事業、老人保健事業、予防接種、各種の健康診断等、地域住民に保健サービスを総合的に提供する拠点として市町村が設置し、保健師、看護師、管理栄養士等の専門職が配置されています。法律上の名称は保健センターですが、実際は他の部署と総合的に運営されていて保健福祉センターや保健福祉総合センターなどといった名称になっている場合があります。

なお、制度上は市町村に設置義務はないので、一部の市町村には保健センターが設置されていません。その場合、保健課等の部署が保健センターの役割を果たしています。

2．市町村保健センターが行う母子保健サービス

　市町村保健センターでは次の表で示す母子保健サービスを行っています（代表的なもの）。ただし事業の名称は市町村により異なります。

　また、このほかにも市町村が独自に行っているさまざまな事業があります。

〈妊娠がわかったら〉

事業名	内容
母子健康手帳の交付と妊婦健康診査費用の助成	妊娠届が提出されたら母子健康手帳を交付する。この手帳には妊娠期から乳幼児期までの母親と子どもに関する重要な情報が記録され、一貫して管理することができる。また、国際化に対応して英語や韓国語や中国語のものなども用意されている。なお、母子健康手帳の交付とともに、妊婦健康診査を受ける際の費用を補助するための妊婦健康診査費用補助券（名称が異なる場合もあり）も交付される。
ママパパ教室	沐浴実習、先輩ママの話、妊婦間の交流等をする。

〈出産と子育て〉

事業名	内容
乳児家庭全戸訪問事業	通称こんにちは赤ちゃん事業。生後4か月までの乳児のいる全家庭を訪問して、親の相談に応じたり育児の状況を確認したりする。
養育支援訪問事業	育児ストレスや産後うつ等により養育支援が必要な家庭に対し、保健師等による助言指導や子育て経験者による育児援助等を行い、課題解決や改善を図る。
健康診査	1歳6か月と3歳は全市町村が実施。その他、ほとんどの市町村が4か月前後で健康診査や相談を実施。心身障害の早期発見、虫歯予防、栄養指導等を行う。
未熟児の支援	訪問指導や医療費助成等により支援をする。

17 保育所及び多様な保育事業

就学前の子どものために、最近はいろいろな形態の保育が行われていると聞きますが、具体的にどのような事業があるのでしょうか。

POINT 国は保育に関係する事業として「教育・保育給付」の充実を図っています。この給付には「施設型給付」と「地域型保育給付」の2種類があり、保育所は施設型給付に該当します。一方、保育所以外で行う地域型保育給付も拡がりをみせています。

1. 保育の考え方と実施主体

かつて保育所の利用要件は、保護者の就労等によりその児童が「保育に欠ける状態にある場合」とされていました。しかし、現在は、就労形態や保育ニーズの多様化等を踏まえ、柔軟に保育を利用できるようにするために、要件が「保育を必要とする場合」に変更されています。

保育サービスを提供する責任は市町村にありますが、保育を行う場である保育所の運営は、市町村だけでなく社会福祉法人や株式会社等も行っています。

2. 保育所と幼稚園の機能をもつ認定こども園

保育所と幼稚園は従来別々の制度として運用されていましたが、現在は、前述の教育・保育給付のなかの「施設型給付」という共通の枠組みの中に位置づけられています。

さらに、この施設型給付には、保育所と幼稚園に加え、もう一つの類型として、両者の機能をあわせもつ「認定こども園」があります。

3．保育所等による多様な保育

　保育所では、通常の保育に加え、次のような事業が行われています。

事業	保育の対象や利用の要件
一時預かり	家庭での保育が一時的に困難になった場合に行う
延長保育	必要に応じて通常の利用時間を超えて行う
夜間保育	保護者の仕事等で夜間の保育が必要な場合に行う
休日保育	休日に保護者が急な仕事等で保育できない場合に行う

　なお、保育所は、現に利用している家庭だけでなく、地域の子育て家庭に対する支援の役割も担うとされています。

4．地域型保育給付による事業

　教育・保育給付には、施設型給付だけでなく、地域の事情に応じて行われる「地域型保育給付」による事業があります。3歳未満の児童を対象に、次のような事業が行われています。

事業	保育の形態
家庭的保育	家庭的保育者の自宅等で5人以下を対象に行う保育
小規模保育	利用定員6人以上19人以下の施設で行う保育
居宅訪問型保育	医療的ケアが必要な乳幼児の居宅において行う保育
事業所内保育	従業員の子どもや地域の子どものために行う保育

5．認可外の保育サービスや事業

　ここで述べた保育所や保育事業は、いずれも法律に基づいて行われていますが、この他に、民間企業やNPO法人などが行う認可外保育施設やベビーシッターサービスなどもあります。これらの事業内容やサービスの質はさまざまですが、市町村が独自の基準に基づいて事業者を認証したり、補助金を出している場合もあります。

18 児童福祉施設（社会的養護が必要な児童のための入所施設）

家庭で暮らすことが困難な児童が暮らす施設にはどのようなところがありますか。

POINT

このような児童が暮らす児童福祉施設は児童福祉法に基づいて設置されます。その児童の年齢や心身の状態、保護者や家庭の事情等、状況に応じて利用する施設が異なります。子どもや保護者が希望して自由に利用する仕組みではなく、児童相談所による措置等により利用します。

1. 児童福祉施設の種類

児童福祉施設には、そこに生活の本拠を置く入所施設と、自宅から通って利用する保育所などの通所施設があります。ここでは、前者の入所施設のうち、社会的養護を必要とする児童のための入所施設を2で紹介します。なお、入所施設には、このほかに障害児を支援する施設として、福祉型障害児入所施設と医療型障害児入所施設があります。

2. 社会的養護が必要な児童のための入所施設

次のページで紹介する社会的養護が必要な児童で親権者がいない場合、入所している施設の長が親権を行使することになります。さらに、その児童が学齢期であれば、就学をさせる義務も生じます。

なお、これらの施設は児童の権利擁護のために常に最善の運営をすることが強く求められることから、子どもやその保護者の人格を尊重し忠実に業務を行うことや、定期的に第三者評価を受けて結果を公表すること、その際には必ず利用者調査も併せて実施することなどが義務づけられています。

社会的養護が必要な児童のための入所施設

施設	内容
母子生活支援施設	母子家庭の母親や支援が必要な母親とその子ども（18歳未満）を入所させて自立促進のための支援や相談、退所後の相談などを行う。
乳児院	虐待や親の病気等の理由で保護を必要とする乳児（1歳未満）を入院させて養育する。退所先は家庭復帰が多いが、里親委託、養子縁組、児童養護施設入所等もある。
児童養護施設	虐待を受けている、保護者がいない、いても傷病で子育てができない等の環境上の理由で養護が必要な児童を入所させて養護するとともに、自立の支援や退所後の相談や援助等を行う。家庭的環境で養育するために施設の小規模化や地域分散化が進められている。入所児童は地域の小中学校に通う。
児童心理治療施設	虐待等の不適切な養育環境にいたことで社会生活への適応が困難になった児童を短期間入所させる。社会生活に適応できるように、日常生活のなかでの治療的支援やグループ活動、心理面接等の治療的プログラムを行う。事情に応じて保護者の下から通って利用する場合もある。
児童自立支援施設	不良行為をしたり、その恐れのある児童、または環境上の理由により生活指導を必要とする児童等を入所させて生活指導を行い、自立の支援や退所後の相談を行う。施設内に分校等を設けて小学校・中学校の教育を行う。
ファミリーホーム（小規模住居型児童養育事業）	児童養護施設職員の経験者や里親の経験者などが夫婦で里親となって、自宅で児童5～6人と暮らしながら養育する。子ども同士の交流を通じて基本的な生活習慣や人間性や社会性を養うことを目的にしている。
自立援助ホーム（児童自立生活援助事業）	児童養護施設を退所した児童や家庭で暮らすことが困難な児童等が共同生活を営む住居であり、専任の職員が相談や援助、就業支援等を行う。大学生になっていても利用可能。

注：表中の対象年齢はいずれも原則であり、必要に応じて弾力的に対応する場合があります。

19 小学校・中学校

小学校・中学校は、子ども・子育て支援においてどのような役割があ
りますか。また、児童委員とはどのような連携が考えられますか。

POINT 小学校・中学校（以下、小中学校）では、義務教育としてす
べての子どもが平等に学べるように経済的支援が行われてい
ます。また、地域の子どもの状況を網羅的に把握できる場に
なっています。児童委員としては、広く地域の子どもを対象
にした事業を行う場合や、子どもやその子どものいる世帯を
支援する場合に、小中学校との連携が欠かせません。

答え **1．すべての子どもに教育を等しく保障する場としての小中学校**

　日本国憲法第 26 条はすべての国民に等しく教育を受ける権
利を保障しています。そのため、経済的理由で格差が生じないように、
授業料と教科書代は全員が無料（私立の場合は授業料は有料、教科書は
無料）です。それに加え、生活保護制度では子どもの小中学校にかかわ
る費用の保護費への加算、その他の低所得世帯に対しては就学援助制度
による経済的支援を設けるなどして、すべての子どもが義務教育を受け
られるように支援する制度が整備されています。

2．教育の内容と学校運営

　教育水準を一定レベルに保つため、小中学校で学ぶ教科の種類や時間
数、基本的内容などはすべて国が学習指導要領で定めています。教員は
これを守る必要があり、学校もその前提で年間計画を立てています。そ
のため、例えば、年度途中で急にイベントを実施する場合などは、代替
の授業を実施して調整する必要があります。

３．小中学校の児童をめぐる課題とスクールソーシャルワーカーの配置

　小中学校では、いじめ、不登校、貧困、虐待、外国籍の子ども、発達障害、ヤングケアラーなど、個別的な配慮が必要な児童や、家族関係の調整が必要な児童等が増えています。

　このような状況を受け、文部科学省では、各学校や地域の教育事務所に社会福祉士や精神保健福祉士の資格をもつスクールソーシャルワーカーの配置を進めています。スクールソーシャルワーカーは児童の問題解決のために、家族や周囲の環境に働きかけたり、学校外のさまざまな機関とネットワークを構築したりしながら支援をする福祉の専門職です。

４．学校と児童委員の連携

（１）学校との連携の推進

　教育基本法は学校と地域とが相互に連携するよう求めていますが、現状では、学校によって地域との連携には温度差があります。児童委員として連携を強化する場合は、まずは児童委員個人ではなく、民児協の組織として動くほうがよいでしょう。

　また日頃から、地域の小中学校の登下校時の見守り活動や、地域安全パトロールなどを行ったり、学校行事に参加するなどして、学校関係者に児童委員の存在を認識してもらうことも連携促進の基盤になります。

（２）学校運営や行事等への協力

　学校運営に直接かかわる協力としては、学校運営協議会や学校評議員会に委員として協力すること（委員を依頼された場合）や、科目のなかの「総合的な学習の時間」への協力、学校行事や美化活動への協力等が考えられます。これらは学校運営への協力と同時に、その過程を通して学校や子ども達の様子を知ることができるという意義もあります。

20 小学生が放課後を過ごす施設（放課後児童クラブ）

これから小学校に入る子どもがいる共働きの家庭から、放課後をどのように過ごせばいいか相談されました。小学校に入る子どもが安全に過ごせる場所があれば教えてください。

POINT

利用できる場として、小学校の余裕教室や児童館等を使って行う放課後児童健全育成事業（放課後児童クラブ）があります。共働きなどの条件に該当すれば利用が可能です。

1．小学生の放課後児童対策の必要性

　子育て支援の充実が叫ばれているなかで、待機児童解消のために保育所の整備が進みつつあることは一歩前進ですが、共働き家庭にとっては、その後の小学校入学とともに「小1の壁」が待っています。

　共働き家庭の子どもは、小学校に入ると保育所とは違って平日の下校後を1人で過ごすことになります。また、小学校には夏休みなどの長期休暇もあります。

　小学校は子どもを預かる場でも、単なる居場所でもないことから、保護者は小学校入学後の子どもの安全な居場所の確保や過ごし方を考える必要性が生じ、仕事と子育ての両立に悩むことになります。

　このような「小1の壁」を乗り越えるため、小学生主に低学年の放課後対策として整備が進められているのが放課後児童健全育成事業です。かつてこの事業は学童保育と呼ばれていましたが、現在は放課後児童クラブと呼ばれています。

2．事業の概要

（1）実施主体と実施場所

　実施主体は市町村ですが、多くの市町村で運営を社会福祉法人やNPO法人などに委託しています。実施場所は、学校内の余裕（空き）がある教室や施設、児童館、公民館などですが、学校内で行われる場合は、周囲から学校運営の延長のように捉えられていることがあります。

　しかし、放課後児童クラブは児童福祉法で規定されている児童福祉サービスの一つですので、制度上は学校と別に位置づけられています。そのため、放課後児童クラブの利用を希望する場合は、学校や教育委員会ではなく、市町村の児童福祉部門に申し込みをすることになります。

（2）利用の要件

　放課後児童クラブは共働き家庭等の子どもが利用可能です。対象は小学生となっていますが、整備状況に違いがあるため、市町村ごとに利用できる子どもの年齢は異なります。低学年が優先されることから、多くの場合、高学年になると利用できなくなります。また低学年であっても、保育所と同様に待機児童の問題が生じている地域もあります。

3．文部科学省が推進する「放課後子ども教室」との連携

　放課後児童クラブに類似した事業として文部科学省が推進する「放課後子ども教室」があります。この事業は、小学校が地域住民の協力を得て、放課後の子ども達にさまざまな体験や交流活動の機会等を提供するものです。親の就労等の条件はなく、小学生は誰でも利用可能です。

　制度上は、福祉サービスとしての放課後児童クラブと、教育としての放課後子ども教室は異なる役割がありますが、いずれも放課後の居場所という点は共通しています。そこで、国は放課後児童対策の充実を目指し、放課後児童クラブと放課後子ども教室の連携促進や一体的運営を進めるよう市町村に要請しています。

第3編 実践編

第4章

子どもをめぐるさまざまな問題と対応の原則
～児童虐待を中心として～

 第4章の目的

　第4章では、児童虐待を中心に、その実態、背景や原因、子どもの心身に与える影響、福祉施設での虐待、虐待を受けている子どもの特性、早期発見のポイントなどを学びます。また、日頃なじみのない、みえにくい虐待やわかりにくい虐待などについても学びます。

　さらに、夫婦間の暴力（DV）が子どもに与える影響、子どもの貧困やヤングケアラー、外国籍の親子の支援など、近年社会的関心を集めている諸問題も取り上げました。

　そして、これらの項目のうち、児童委員としての対応が考えられるものについては、対応時の原則についても言及しました。

　児童虐待をはじめ、子ども・子育て支援をめぐって今起きている問題についての理解を深めてください。

21 児童虐待の種類

児童虐待とはどのような行為のことをいうのでしょうか。

POINT

児童虐待防止法では、保護者や同居人による①身体的虐待、②性的虐待、③ネグレクト（放置）、④心理的虐待、を虐待と定義しています。これらにはさまざまな行為が該当しますが、どのような行為が虐待に当たるかは親の主観ではなく、子どもの心情、人権擁護を前提に考える必要があります。

答え

児童虐待防止法では、児童虐待が「児童の人権を著しく侵害し、その心身の成長及び人格の形成に重大な影響を与える」ことから、児童虐待を禁じています。

児童虐待防止法第2条に掲げられている四つの行為の具体例を紹介します。これらの行為を親や親と内縁関係にあって同居している者、未成年後見人などが行った場合に、児童虐待となります。

1．身体的虐待

①打撲傷、あざ（内出血）、骨折、頭蓋内出血などの頭部外傷、内臓損傷、刺傷、たばこなどによる火傷などの外傷を生じるような行為。

②首を絞める、殴る、蹴る、叩く、投げ落とす、激しく揺さぶる、熱湯をかける、布団蒸しにする、溺れさせる、逆さ吊りにする、異物を飲ませる、食事を与えない、戸外にしめだす、縄などにより一室に拘束するなどの行為。

③意図的に子どもを病気にさせる。

2．性的虐待

①子どもへの性交、性的暴行、性的行為の強要・教唆など。

②子どもの性器を触るまたは触らせるなどの性的行為（教唆を含む）。

③子どもに性器や性交を見せる。

④子どもをポルノグラフィーの被写体などにする。

3．ネグレクト（放置）

①子どもの健康・安全への配慮を怠っている行為。例えば、重大な病気になっても病院に連れて行かない、乳幼児を家に残したままたびたび外出する、乳幼児を車の中に放置するなど。

②子どもの意思に反して登校させない。

③子どもにとって必要な情緒的欲求に応えない（愛情遮断など）。

④適切な食事を与えない、下着を長期間不潔なままにする、不潔な環境のなかで生活させる、入浴させない、などの無関心や怠慢。

⑤子どもを遺棄したり、置き去りにする。

⑥家族や親族、保護者の恋人や知人などが身体的虐待、性的虐待、心理的虐待を行っているにもかかわらず、それらを放置する。

4．心理的虐待

①ことばによる脅かし、脅迫など。

②子どもを無視したり、拒否的な態度を示すことなど。

③子どもの心を傷つけることを繰り返し言う。

④子どもの自尊心を傷つけるような言動など。

⑤ほかのきょうだいとは著しく差別的な扱いをする。

⑥子どもの面前でほかの家族などに暴力を振るったり暴言を吐く。

⑦子どものきょうだいを虐待する。

⑧親の宗教にもとづく信仰の強制や特定の行動の禁止など。

（厚生労働省「子ども虐待対応の手引き」等を参考に作成）

22 児童虐待が起こる背景や要因

虐待が起こる背景や要因にはどのようなことがあるのでしょうか。

POINT 児童虐待が起こる背景や要因を考える場合、①親、②子ども、③環境、④社会的支援、の四つの側面で考えることができます。児童虐待というと、「親の問題」だけに着目しがちですが、実際にはさまざまな要因があり、解決策もさまざまな角度から分析し検討する必要があります。

答え 児童虐待は、上記の四つの側面に何らかの問題や支障がある場合に起こる可能性が高まります。

1．親の状況

例えば、親の状況が、①母親が夫から暴力を受けている、②精神的に不安定な状態にある（産後うつやマタニティブルー）、③育った環境が不適切だった（自分自身が虐待を受けていたり母親が暴力を振るわれていた）、④極端に責任感が強かったり世間体を気にする性格、⑤関心が子どもではなくほかのことばかりに向いている（例えば、異性との交際、SNS、オンラインゲーム、ギャンブルなど）、⑥精神疾患や依存症（アルコール、薬物など）、⑦望んでいなかった妊娠で出産した、などの場合に児童虐待のリスクが高まることが考えられます。

2．子どもの状況

例えば、子どもが①障害をもっている、②病弱である、③未熟児として生まれた、④双子や三つ子などの多子、などの場合が考えられます。

これらの場合、親としては、描いていた子育てと違う、なぜ自分ばかりが苦労しなければならないのだろうという思いをもつことがありま

す。もちろん、そのことで直ちに児童虐待が起こることはなく、障害児や病気の子をもった親のほとんどはきちんと子育てをしています。ここで取り上げた意味は、より多くの時間や気遣いを必要とする子どもを育てる場合、適切な養育環境や社会的支援がより多く必要とされており、それらが十分でないと児童虐待のリスクが高まるということです。

3．養育環境

　例えば、①親が失業していたり不安定就労である、②夫婦関係がよくない、③親の内縁関係などの同居人がいる、④親に兄弟がいないか、いても支援が受けられない、⑤親自身が自分の親の介護もしている、⑥一人親家庭、⑦住宅環境が劣悪、などの場合、それぞれ事情や原因は異なりますが、児童虐待のリスクが高まると考えられます。

4．社会的支援

　これは、地域にある①フォーマルサービス（行政が行う子ども・子育てにかかわるサービスや相談など）、②インフォーマルなサービスや支援（近隣住民や母親同士、NPO法人やボランティアなどが独自に行う事業や活動）などを利用していない場合にリスクが高まります。また、同居家族に要介護者がいるにもかかわらず、介護サービスなどを利用していない場合もリスクが高まります。

＜児童虐待の発生にはさまざまな要因が関係している＞

　児童虐待のリスクは、以上の四つに大別できます。もちろん、これらに該当すると必ず児童虐待が起こるわけではありませんし、該当しなければ起こらないというものでもありません。重要なことは、リスクをもっていると考えられる場合、より細かな周囲の気遣いや支援が必要だということです。また、問題が起きた場合も、親個人の問題だけにとらわれず、多面的に問題を整理し支援策を検討することが大切です。

23 児童虐待の現状

児童虐待の状況はどのようになっていますか。

POINT 児童虐待の件数は毎年増え続けており、2021年度に全国の児童相談所が対応した児童虐待の件数は20万件を超えています。

答え ここでは全国の児童相談所が対応した件数の統計をもとに、児童虐待の全国的な状況をみていきましょう。

　2021年4月〜2022年3月までの1年間の児童虐待の対応件数は207,660件でした。児童虐待のデータを取りはじめた1990（平成2）年度は1,101件、その10年後の2000（平成12）年度は17,725件、さらに2010（平成22）年度は56,384件でしたから、いかに児童虐待の件数が増えているかということがわかります。

＜2000（平成12）年度以降の児童虐待対応件数の推移＞

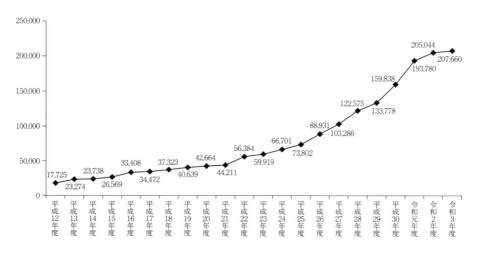

では、その内容を 2021（令和 3）年度に全国の児童相談所が対応した合計 207,660 件の内訳で見てみましょう。

＜経路別件数＞

相談経路は、警察等が最も多く、次いで近隣・知人、家族・親戚の順になっています。

警察等	近隣知人	家族親戚	学校等	福祉事務所	児童相談所	医療機関	児童福祉施設	児童本人	保健所・保健センター	児童委員	その他	合計
103,104	28,075	17,345	14,944	10,682	9,584	3,608	2,846	2,529	1,343	135	13,465	207,660 件
49.7%	13.5%	8.4%	7.2%	5.2%	4.6%	1.7%	1.4%	1.2%	0.6%	0.1%	6.5%	（100%）

＜虐待を受けた子どもの年齢＞

統計の年齢区分が均等ではありませんが、虐待を受けた子どもは小学生が一番多いものの、中学生や高校生でも一定数います。

0〜3 歳未満	3 歳〜学齢前	小学生	中学生	高校生その他	合計
12,503 （18.7%）	16,505 （24.7%）	23,488 （35.2%）	9,404 （14.1%）	4,801 （7.2%）	66,701 件（100%）

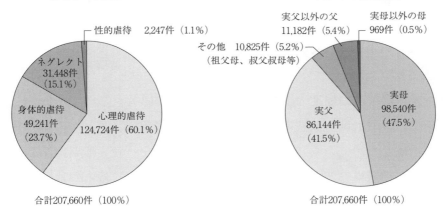

＜虐待の内容＞

性的虐待　2,247件（1.1%）
ネグレクト 31,448件（15.1%）
身体的虐待 49,241件（23.7%）
心理的虐待 124,724件（60.1%）

合計207,660件（100%）

＜主たる虐待者＞

実父以外の父 11,182件（5.4%）
実母以外の母 969件（0.5%）
その他　10,825件（5.2%）（祖父母、叔父叔母等）
実父 86,144件（41.5%）
実母 98,540件（47.5%）

合計207,660件（100%）

児童虐待の防止等に関する法律はどのような経過でできたのでしょうか。戦前にもあったと聞きましたが、それと現在の法はどのような関係にありますか。

POINT 1933年に制定された児童虐待防止法は、戦後にできた児童福祉法にいったん吸収される形になりましたが、児童虐待が深刻になり、児童福祉法だけでは対応が困難になったことから、2000年に改めて児童虐待の防止等に関する法律が制定されました。

1. 戦前の児童虐待防止法

日本で最初に児童虐待防止法が登場したのは1933年でした。当時は、子どもは当然親に従うもの、といういわゆる家父長制的な考え方が社会を支配していました。慢性的な不況や冷害などによる困窮から、子どもを身売りする、過酷な労働をさせる、物乞いをさせたり見世物にするなどの行為が行われ、さらに折檻と称する身体的虐待なども行われていました。このような状況を改善することを目的に児童虐待防止法が制定されました。

2. 児童福祉法の規定に基づく児童虐待への対応

第二次世界大戦の敗戦による社会の混乱と窮乏は、子どもの生活を著しく過酷なものにしました。保健衛生状態の悪化、戦災孤児、浮浪児、不良少年の激増などへの対応は急務となり、同時に、日本が戦災から復興するうえでも子どもの健全育成は大きな課題となったことから、1947年に児童福祉法が制定されました。

国会における同法の提案理由説明で、大臣は「現在児童保護に関する

法律はわずかに少年救護法及び児童虐待防止法があるのみで、現行法律によっては保護に漏れる児童も少なくないので、この際児童全般の福祉を増進しようとする総合的法律が必要であり」として、児童福祉法が総合的性格をもつ法であるとの説明をしました。こうして、新たに、児童福祉法第34条で児童虐待の禁止が規定されたことから、それまであった1933年制定の児童虐待防止法は廃止されました。

3. 単独の児童虐待の防止等に関する法律制定の必要性

　上記のとおり、戦後の児童虐待対策は、当初、児童福祉法にもとづいて行われていました。例えば、児童福祉法第25条は「保護者のない児童又は保護者に監護させることが不適当であると認める児童を発見したものは、これを児童相談所又はその職員に通告しなければならない」としていましたが、この「保護者に監護させることが不適当であると認める児童」のなかに虐待を受けている児童が含まれていました。このように、現在の児童虐待の防止等に関する法律に通じる内容が児童福祉法でもきちんと法定化されており、それなりに機能していました。

　一方で、1989年の国連総会で「児童の権利に関する条約」が採択され（日本は1994年に批准）、虐待などから子どもを守るための「立法上、行政上、社会上及び教育上の措置をとる」義務が生じました。この時期には、虐待問題が深刻化しはじめており、1990年からは児童相談所の相談対応報告の分類に虐待が加えられ、その毎年の増加も注目を集めるようになりました。

　その後の死亡事例の発生などによって、児童虐待の防止に対する社会の関心が高まったことや、児童虐待の定義の明確化や個別的な対応の仕組みの整備なども必要となったことから、従来の児童福祉法の改正や運用での対応ではなく、議員立法によって新たに児童虐待の防止等に関する法律が2000年に制定されました。

25 ネグレクトの原因や背景はさまざまである

児童虐待のなかで、ネグレクトにはさまざまな原因や背景があると聞きますが、具体的にどのようなことでしょうか。それによって対応方法がどのように異なってくるのでしょうか。

POINT　ネグレクトの場合、親が子育てを「しないのか」それとも「できないのか」、そして、それぞれの場合に「その原因は何なのか」を考え、状況や背景を分析したうえで、それぞれの状況に応じた対応をする必要があります。

答え　ネグレクト（放置）では、緊急性が高ければ子どもを保護しますが、そこまでではない場合、親が適切に子育てをする（できる）ように周囲が援助する必要があります。親を非難したり、諭すだけでは効果はありません。ネグレクトの原因を見極め、その原因や状況に応じた具体的かつ継続的な支援が必要です。

ここではその背景に着目して次の三つに分けて考えます。

1．自分なりにやっているが不十分（不適切）である

この場合、周囲の適切な支援があれば十分改善する可能性があります。昔は、子ども時代に兄弟や親戚の子育てを手伝ったり、周囲で多くの子どもを見て育っているので、子育ての方法を自然と知り、いろいろな子どもがいるという当たり前のことも学びました。ところが、現在はそのような機会が乏しく、また、家で手伝いをする機会も減っているため、一般に子育てに必要な知識や技能が低下しています。

そのようななかで、子どものために努力しても、うまくいかない状態になってしまうと、産後うつ病や育児ノイローゼになる場合もありま

す。

　これらのことは、乳児家庭全戸訪問事業や健診などでわかることもあります。親の不安を取り除き、子育てをうまくできるように支援するためには、積極的に養育支援訪問事業などの外部のサービスを導入することが大切です。

２．時間を子育て以外に使うために子育てをしない（できない）

　これには次の二つの異なる背景が考えられます。

①経済的事情で親が長時間労働をしていて子育てが（十分）できない

　これは「しない」というより「できない」わけですので、現実に労働時間を減らせないのであれば、周囲の支援や各種サービスをできるだけ使う必要があります。また、ひとり親家庭では、夜間働きに出ることは子どもへの影響が大きいので（場合によってはネグレクトにもなる）、状況によっては生活保護などの活用を検討したほうがよいでしょう。

②自分の趣味や楽しみに没頭して子育てをしない

　子育て中の趣味や楽しみは気分転換にもなり、それ自体が悪いわけではなく、程度の問題です。特に、親が若年の場合は周囲の影響（さそい）を受けやすいことに留意する必要があります。周囲の支援によって、親が子育て自体に楽しみを見つけられるようにしたり、子育てを通して友達づくりができるようにしていく必要があります。

　ただし、○○依存症のような場合は、医師などの専門機関の対応が必要であり、その間、子どもを別途保護するなどの対応が必要です。

３．そもそも子育てを拒否し放棄している

　これは明らかなネグレクトです。最初からそうだったのか、何かの理由で放棄をしたのかなど、原因を考えたうえで長期的な対応や環境改善などが必要ですが、まずは、子どもの保護を最優先に支援します。

26 児童虐待が子どもの心身に与える影響

虐待を受けた子どもは、どのような影響を受けるのでしょうか。

POINT 児童虐待防止法第1条が、児童虐待は「児童の人権を著しく侵害し、その心身の成長及び人格の形成に重大な影響を与える」と明記しているように、児童虐待は一時的な影響にとどまらず、心身の発達や成長、人格形成のなかで、長い期間にわたって影響を及ぼす可能性があります。

答え 虐待を受けた子どもは、身体面、精神面で大きな傷を受けることになるだけでなく、被虐待体験はその後の成長や発達に重大な影響を与え続けます。そのため、虐待を受けた子どもに対しては、そのダメージを少しでも軽くし、克服するための継続的な支援が求められます。以下、いくつかの側面から具体的な影響を紹介します。

＜身体面＞

暴力などで外傷が生じ、例えば、頭蓋内出血が起こったような場合、重い運動障害や視覚障害、聴覚障害を起こす可能性があります。

乳児に対するネグレクト（放置）は、短期間でも死に至る危険性があります。乳児に限らず、十分な食事や栄養が摂れていなかったり、偏った物しか食べていなければ子どもの正常な発育が妨げられますし、知能の発達にも影響します。また、拘束、外出や運動をさせない、十分な睡眠をとらせないなどの行為も、子どもの正常な発育を妨げます。

＜言語・会話＞

子どもが言葉を覚える最初の先生は親です。その親からの語りかけが少なければ、子どもは言葉を覚えることができません。また、小さいと

きから非難する言葉や汚い言葉を聞かされ続ければ、子どもは疑うことなくその言葉を覚え、使うでしょう。もし、ほかの子どもの親がその言葉を聞けば、「この子とは遊ばせない」ということになるかもしれません。

　言葉の問題がただちに虐待に当たるかどうかはともかく、親が子どもに言葉かけをしなかったり、不適切な言葉を覚えさせるような行為は、結果的に子ども自身の周囲との関係構築に悪い影響を与えます。

＜人間（社会）関係の構築＞

　赤ちゃんは、お腹がすいたりおむつが濡れると、泣いて助けを求めます。それに親が応えてくれることで安心し、その繰り返しのなかで他人に対する信頼が醸成され情緒も安定し、社会生活を営む土台ができます。もし、泣いたときに、怒鳴られ殴られれば、情緒が不安定になり、他人を信頼できなくなります。

　また、性的虐待を受けた場合、大人になったときに異性との良好な関係が築きにくくなり、結婚生活にも影響を及ぼすことがあります。

＜心的外傷後ストレス障害（PTSD）＞

　PTSDとは、心の奥にいったん閉じ込めた過去の強烈な恐怖体験が夢に出てきたり、何かの拍子によみがえってパニックを起こすような症状のことで、児童虐待だけに起こるわけではありません。恐怖体験がすべてPTSDということではありませんが、絶対的な力関係のなかで子どもがもつ恐怖感は、PTSDにつながることが十分考えられます。

　以上は、児童虐待が子どもの心身の発達に後々まで影響を及ぼす代表例です。実際に虐待を受けた子どもがそのダメージを克服するためには、周囲の人々や専門職の連携による長期間の継続的な支援が不可欠です。

27 児童虐待による死亡事例から学ぶこと

国では「死亡事例の検証」を行っているそうですが、そのなかで児童虐待への対応について、どのような課題があげられているのでしょうか。

POINT

死亡事例の検証は「犯人捜し」が目的ではなく、児童虐待防止のために行われており、相談体制の充実や関係機関の連携、自治体の地域を越えた連携などの課題が指摘されています。

「児童がその心身に著しく重大な被害を受けた事例の分析を行う」(児童虐待防止法第4条第5項) との規定にもとづき、厚生労働省は「子ども虐待による死亡事例等の検証」を毎年行っています。

この検証は、実際の死亡事例を詳細に検討し、児童虐待防止、特に重大な事態を防ぐために対応が必要な課題を整理しています。2020年度の検証では、この整理を受けて、地方公共団体に対して次のような課題と提言が示されました。

1　虐待の発生予防及び早期発見

①妊娠期から支援を必要とする保護者への支援の強化

②乳幼児健康診査未受診等や居所の実態が把握できない子ども・家庭に対する虐待予防の視点を持った支援

③きょうだいへの虐待がみられた家庭への支援

④精神疾患等により養育支援が必要と判断される保護者への対応

⑤保護者及び関係機関を対象とした虐待の予防につながる知識の普及・啓発

2　関係機関の連携及び役割分担による切れ目のない支援

　①複数の関係機関が関与する事例における連携の強化

　②一時保護開始・解除時、施設入所・退所時、里親委託・解除時の適切なアセスメントの実施と確実な継続支援の実施

3　要保護児童対策地域協議会対象ケースの転居・転園（校）情報を関係機関間で共有する体制の構築と確実な継続支援の実施

4　児童相談所及び市町村職員による多角的・客観的なリスクアセスメントの実施と進行管理

　①多角的・客観的なアセスメントの実施

　②関係機関からの情報を活かした組織的な進行管理の実施

5　児童相談所及び市町村の相談体制の強化と職員の資質向上

　①専門職の配置も含めた相談体制の充実と強化

　②適切な対応につなげるための相談技術の向上

6　虐待防止を目的とした検証の積極的な実施と検証結果の活用

　①検証の積極的な実施

　②検証結果の虐待対応への活用

　以上はどれも重要な課題ですが、近年の重大な虐待事件から学ぶこととして、特に次のようなポイントをあげることができます。

・保護者によっては、支援は出産後ではなく妊娠期から手厚く行う。

・健診を受けなかったり居所が不明な子どもや世帯をそのままにしておかず、早期に居所を把握し接触する。

・児童相談所や市町村の担当課だけでなく、学校、保育園、医療機関、放課後児童クラブなどの関係機関の職員の虐待予防意識と知識の向上を図る。

・複数の機関がかかわる場合の情報共有と連携を確実に行う。

・支援対象ケース（世帯）が引っ越した場合に関係機関間で確実に引き継ぎを行い、支援を継続する。

28 みえにくい児童虐待、わかりにくい児童虐待

「みえにくい虐待」「わかりにくい虐待」というのがあるそうですが、どういうことでしょうか。

POINT 子どものために尽くしているように見えて実は虐待をしている例や、親の意図しない行動が子どもを危険な状況に追い込むなどの例があります。

答え ここでは、典型的な三つの行為を紹介します。

1. 代理ミュンヒハウゼン症候群

ミュンヒハウゼン症候群とは、自分の病気やけがをねつ造することで周囲の関心を引こうとする精神症状をいいます。その病気やけがを親本人ではなく子どもに代理させ周囲の関心を引き、さらにいえば、その病気やけがの子どもを一生懸命に看病することで注目されようとする精神症状が代理ミュンヒハウゼン症候群です。巧妙に病気やけがの状態をつくりだし、医師がなかなか気づかない場合もあります。

意図的に病気やけがの状態をつくり出すわけですから、そこでは多くの場合に身体的虐待が行われます。過去には、子どもに対する傷害致死罪に問われた親が代理ミュンヒハウゼン症候群だと診断された事件もありました。仮に、親が直接たたいたりしていなくても、病気の症状があるとうそをついて子どもに不要な薬を飲ませたりすれば虐待にあたります。

2. 揺さぶられ症候群

これは乳幼児に対する危険な行為の一種です。子どもの脳は大人よりすき間が多いため、乳幼児を激しく揺さぶると、頭蓋骨のなかで脳が大

きく揺れ、血管や神経が損傷して言語障害や歩行困難、視力低下や失明などの障害が残ったり、最悪の場合、死亡することもあります。

　ある事例では、27歳の父親が2か月半の長女を強く揺さぶり、急性硬膜下血腫や眼底出血などの重傷を負わせ傷害の容疑で逮捕されました（後に不起訴）が、このとき父親は「泣き止ませようと思った」と話しています。

　泣いている赤ちゃんを泣き止ませるために揺することがありますが、求めていることがミルクやおむつ交換だったり、病気で熱がある場合などは効果がありません。そのときにいらいらして激しく揺さぶりすぎると危険が生じます。泣いているときにはその原因を確かめたうえで対処方法を考えること、いろいろ対応しても泣き止まないこともあるので、そのときはいったん距離をおいて冷静になるなど、泣き止まないときの対処方法を知っておく必要があります。

3．子どもを家や車の中に置いたままでの買い物や用足しなど

　典型的な例は、子どもを長期間家に置いたまま外出し続ける例や、炎天下で車の中に子どもを放置してパチンコをするような例で、このようなことは過去に何度もあり、多くは犯罪として罰せられています。

　犯罪にはならなくても、幼い兄弟を置いて外出している間に火事になり（原因は子どもの火遊び）子どもが焼死した例、寝ていると思って出かけたら子どもがすぐに起きて2階のベランダから母親を追いかけ落下した例、短時間だからと鍵をかけずにゴミ出しに出たら子どもが内鍵を閉めてしまい、親が締め出し状態になった例などもあります。

　地震や火災はいつ起こるかわかりません。無防備な子どもを一人で置いておくことは危険であり、助けたくても助けることができなくなってしまいます。子どもを放置することは虐待であり、子どもを家や車の中に残して離れるリスクを十分認識して行動する必要があります。

29 児童福祉施設の職員による虐待

児童福祉施設の職員による児童虐待があると聞きましたが、本当で しょうか。どういった状況で起こるのでしょうか。

POINT　児童福祉施設では、施設職員による虐待が毎年一定数起きて います。仮にそのようなことを少しでも耳に挟んだら、必ず すぐに関係機関に通報してください。

答え
1．児童福祉施設の職員の現状

　子どもたちが暮らす児童福祉施設には、児童養護施設、児童 自立支援施設、乳児院、障害児施設があります。

　施設職員のほとんどは、児童福祉施設の厳しい人員体制や環境、予算 のなかで、子どもの保護と最善の利益を考えて日夜懸命に仕事をしてい ます。拘束時間が長く、複雑な背景をもつ子どもに真摯に向き合い、と きには不当な要求をする親などと対峙することもある激務です。

2．子どもにとっての児童福祉施設とその職員のもつ意義

　施設は虐待などを受けてきた子どもにとって絶対に安全、安心な場所 でなければなりません。そして、全面的に信頼でき自分のことを真剣に 考えてくれる職員とのかかわりを通して、それまで築いてこられなかっ た大人との信頼や自分を支援してくれる社会というものを実感していく 場になるはずの場所です。そのような場であるべき施設で虐待を受ける ようなことがあれば、子どもの傷はより大きくなり、きわめて深刻な影 響を残します。

3．児童福祉施設で起きている虐待

　厚生労働省が統計を取り始めた 2009 年度には、児童福祉施設など

（一時保護施設や里親などによる虐待も含む）で59件の虐待が発生し120人が虐待を受けていました。その後、2010年度は39件で103人でしたが、2020年度には121件で215人が虐待を受けています。

　例えば、これまでに次のような虐待の事例がありました。

①規則を守らせるため、閉じ込める、ハサミで脅す、暴言を吐く。

②暴れる児童を抑制するために殴る、粘着テープなどで縛る。

③相当長期間の外出禁止にするなど、過度の懲戒をする。

④職員が、児童と性的関係をもったり強要したり性的いたずらをする（これらの虐待は職員の性別を問わず起きています）。

　このほかにもさまざまな形態の虐待が起きていますが、施設長も含めて施設全体で行っている場合と、職員が単独で行っている場合があります。後者の場合、気づいたほかの職員がすぐに適切な対応をしないような場合も大きな問題です。なお、「子ども同士のいじめや暴行が起きているのに職員が適切な対応をしない」場合も虐待にあたります。

４．児童福祉施設内の虐待防止と児童委員

　児童福祉法では、施設に入所したり里親の元で暮らす子どもに対する虐待を「被措置児童等虐待」と定義し、施設職員などは、「被措置児童等虐待その他被措置児童等の心身に有害な影響を及ぼす行為をしてはならない」（第33条の11）ことや、そのような児童を発見した場合の通告義務を定めています。

　施設職員の不適切な言動は子どもに大きなショックを与え、後々まで悪影響を与えます。児童委員は、日常の施設運営や職員と子どもとの関係にまでかかわることは困難ですが、少しでもそのような話を聞いたり、何らかの兆候を知った場合は、「施設内のことだから」とそのままにせず、関係機関に即座に通告する役割が期待されます。

30 虐待を受けた子どもは自ら助けを求めることが少ない

児童虐待を受けた子どもは、一定の年齢になっていても自分から助けを求めなかったり、大人から聞かれたときに虐待を否定する例があると聞きます。どうしてそうなるのでしょうか。

POINT

ある程度の年齢になっていても虐待を受けた子どもが自ら助けを求めることをせず、また、事実を確認されたときに否定することが少なくありません。虐待を受けたことで、そのような言動をとる心理状態になっていることを理解して接する必要があります。

　虐待を受けている子どもが自分から積極的に助けを求めなかったり、聞かれても認めない背景には、以下に記述するように大人を信用できない、恐怖感に支配されている、自己否定の気持ちが強い、親を強く慕っているなどの理由が考えられます。子どもの年齢や理解力、虐待の状況、アプローチする大人がどういう関係にある人かなどによっても異なりますが、一般に、子どもが自ら事実を告げることは少ないと考え、その心情を理解して対応することが大切です。

＜大人を信用できない＞

　最も信用できるはずの大人である親から虐待を受けているわけですから、ほかの大人を簡単に信用することはありません。支援する大人の側には「児童相談所の職員（児童委員）だから、私はあなたの味方です。安心してください」という思いがあり、それをうまく伝えようとするでしょうが、最初から通じることはないでしょう。むしろ、「大人はすべて私をしかり叩く怖い人」「大人はみんな敵だ」と思っているかもしれ

ません。あるいは「どうせ言っても無駄だ」「解決なんかしてくれるわけがない」と思っていることも考えられます。

＜恐怖感に支配されている＞

上記の通り、子どもは簡単に大人を信用しないわけですから、叩かれたことを大人に告げると、その話が親に伝わって、あとでもっとひどい仕打ちを受けるのではないかという恐怖心をもっています。そのようなことがないということを子どもが実感できない限り、子どもが見知らぬ大人にすぐに真実を話すことはない、と考えておくべきでしょう。

＜自己否定の気持ちが強い＞

虐待を受けた子どもは、親から「おまえが悪い」「馬鹿だ」「なおしてやる」などと言われ続けた結果、「叩かれるのは自分が悪いからだ」「がんばりが足りないからだ」などと思うようになります。「親がなおしてくれようとしているのにほかの人に頼ったら、大切な親を裏切ることになる」と思っていることも考えられます。また、「悪い自分」や「馬鹿な自分」を知られることに抵抗感をもっているかもしれません。

＜親を強く慕っている＞

子どもは誰でも親を愛し、親が好きです。多少叩かれても無視されてもやっぱり親についていくというのが子どもの姿です。「親に愛されたい。叩かれていることを他人に言ったら、親から見捨てられてしまうかもしれない」そう思うことも考えられます。

このほか、監禁事件やDV事件でたまにみられる例として、「徹底的に支配されていると感覚が麻痺してしまい、自分が今助けを求めるような状態にあること自体が認識できなくなる」場合もあります。

いずれの場合でも、具体的な支援や事実を積み重ね、時間をかけて子どもとの信頼関係を築いていく必要があります。

31 虐待を早期に発見するポイント

虐待に早く気づくためには、子どもや保護者のどんな点に気をつけているとよいですか。児童委員として配慮する点はありますか。

POINT 虐待は、「子ども」「親」「家庭」の三つの様子から早期に発見することができます。医師、教員、保育士などは、より厳密に観察することも可能ですが、児童委員はあくまで日常的なかかわりのなかで注意を払い、気になる場合は、関係機関に連絡するとよいでしょう。

答え 虐待では、周囲の大人ができるだけ早く気づき、適切に対応する必要があります。以下では、子どもや親と接触することができる場合に気をつけて見るポイントを示します。ただし、これがみられれば必ず虐待があるとは限らず、また、みられなければないとも限りません。あくまでも一つの目安ですが、このような様子がみられたらよりいっそう注意を払い、さりげなく声をかけたり、状況によっては関係機関に連絡するなどの対応が必要です。

＜子どもの様子──「見た目」と「具体的言動」の二つの場面＞

①子どもの見た目

・不自然な傷、あざ、火傷の跡などがある。

・衣服のサイズが合わない、季節に合わない、いつも同じ服を着ている。

・衣服や靴、靴下に穴があいていたり、すり切れている。

・衣服が不潔で臭う。体や髪の毛がいつも汚れている。

・急にやせた、あるいは太った。

・多数の虫歯があるが、治療をしていない。

②子どもの具体的言動

・だれかれとなくベタベタし、甘えた行動をとる。

・例えば、大人が帽子を取るために手をあげただけで、身構える。

・いつでも周囲を見渡しおびえた表情をしている。

・過度の早食いや異常な食欲があったり、常時空腹を訴える。

・家に帰りたがらない。

・家庭の話をしない（親の話になると話題をそらす）。

・不定愁訴（頭痛、めまい、腹痛、吐き気などの訴え）を繰り返す。

・年齢不相応な性的な話や行動をする。

・ほかの人との身体的接触を極度に怖がる、逆に好む。

・絵や作文に性的な内容が含まれる。

＜親の様子＞

・子どものケガやあざに対する説明が矛盾していて、変化する。

・人前で子どもを大声で怒鳴ったり、叩いたりする（これらを親は正当なしつけの範囲と考えているので、人前でも隠しません）。

・子どもに過度な期待をし、押しつける言動をする。

・いつも極端に表情が暗く、思い詰めたようにしている。

・長期間姿が見えない。外部の人との接触を避ける。

・「子どもがなつかない、かわいくない」などの否定的な話が多い。

・親自身に打撲やあざがある（親がDVの被害者である）。

＜家庭の様子＞

・他人が家に頻繁に出入りしている。

・必然性がないにもかかわらず引っ越しを繰り返している。

・昼夜逆転した生活をしている。

・子どもの姿を見かけない。

・子どもだけでたびたび留守番をして（させられて）いる。

32 児童虐待と夫婦間の暴力（DV）

児童虐待と夫婦間の暴力は密接に関係していると聞きましたが、どういうことでしょうか。どのような対策がとられているのでしょうか。

POINT

夫婦間の暴力を一般にドメスティックバイオレンス（DV）とよびます。子どもの目の前などで行われる DV は、心理的虐待に当たります。国では、配偶者暴力防止法を制定するなど DV の防止対策に取り組んでいます。警察は、子どもがいる家庭で DV があると児童相談所に情報提供します。

＜児童虐待と DV＞

ドメスティックバイオレンスを直訳すると「家庭内暴力」になり、子どもの親に対する行為なども含みますが、現在では、一般に夫婦間（事実婚なども含む）の暴力をさす言葉として使われています。

叩く、蹴る、刃物などで脅す、大声で怒鳴り暴言を吐く、性行為を強要する、過度に束縛するなどの DV 行為が子どもの目の前で行われた場合、児童虐待のなかの心理的虐待に該当します。制定時（2000 年）の児童虐待防止法にはこのような考え方は含まれていませんでしたが、2004 年の法改正時に加えられました。

＜DV が子どもと子育てに与える影響＞

DV を目撃することで子どもは心に深い傷を負い、情緒が不安定になります。「母親が叩かれているのは、僕（私）が悪いからだ」と思う場合もあり、ときには母親をかばうこともあります。さらに、このような行為を繰り返し見ていると、問題への対処方法として暴力や脅しという方法がある、という間違った知識をもってしまう可能性もあります。

一方、DVの被害者（ほとんどは母親）に着目すると、ケガや体調不良になり子育てがしたくてもうまくできない場合や、母親のストレスのはけ口が子どもに向かって児童虐待が行われる可能性も考えられます。

DVを子どもの目の前で行うことは、子どもに対して暴力を振るっていることと同じであり、母親が子育てをするうえでも大きな阻害要因になります。もちろん、子どもの前でなければよいという話ではなく、DV自体を防止する必要があることはいうまでもありません。

＜DVの防止対策＞

DVの防止のために2001年に制定された「配偶者からの暴力の防止及び被害者の保護に関する法律」（配偶者暴力防止法）は、夫婦（事実婚を含む）及び元夫婦に加え、同居の恋人間も含めて、被害者保護のために次のような対策を設けています。

①発見者の通報努力義務

DVを発見した者は、配偶者暴力相談支援センターや警察官に通報するよう努める義務があります。

②保護命令

身体への暴力により重大な危害を受ける恐れがある場合、被害者の申し立てにもとづいて、裁判所がその配偶者等に対し、被害者やその子、親族などへの接近禁止命令を出します。また、現在同居している場合には退去命令を出します。電話やメールなどの禁止命令もあります。

③配偶者暴力相談支援センターと「シェルター」

都道府県が設置している婦人相談所などに同センターの機能をもたせ、被害者の自立相談やカウンセリング、情報提供などの支援を行うとともに、必要に応じて一時保護を行います。一時保護する場所は、併設の保護施設のほか、母子生活支援施設や一定条件を満たす民間の「シェルター」と呼ばれる保護施設を活用する場合もあります。

33 子どもの貧困と児童虐待

子どもの貧困と児童虐待とはどのように関係していますか。また、どのような対応策がとられているのでしょうか。

POINT 子どもが貧困状態にあると、学習や成長に必要なさまざまな経験をするうえでハンディを負うことになり、場合によっては心身の成長に直接影響を及ぼすこともあります。貧困対策は社会全体の課題であり、子どもの貧困対策の推進に関する法律などにより国の取り組みも本格化しつつあります。

1. 子どもの貧困と児童虐待

子どもが貧困状態にあるといっても、親は一生懸命働き、子育てもがんばっている例はたくさんあります。「貧困状態＝虐待」ということではありません。ただし、経済的に追い込まれると、精神的にも時間的にも余裕がなくなり、意図的でなくても、子どもに十分手が回らず、結果として子どもが不適切な環境に置かれる可能性が高まります。

重要なことは、貧困によって子どもの将来の可能性やチャンスが奪われているのに社会が何もしないでいるとしたら、それは社会がその子を虐待し、ネグレクトをしていることと同じだということです。

子どもに対する社会の責任を自覚し、現状と課題を正しく認識したうえで、社会全体で取り組みを進める必要があります。

2. 貧困の実態と影響

日本では子どもの約7人に1人が「相対的貧困」の状態にあり、21世紀に入ってからほぼ同じような割合が続いています。特に一人親世帯は、2人に1人と高率であり、経済的に厳しい状況に置かれています。

次に例示するように、貧困は子どもの将来のさまざまな可能性の芽を摘むとともに、健康や発達に直接支障を生じさせることがあります。

　①成長に必要な栄養が十分に摂れない。

　②意欲があり成績がよくても高校や大学への進学を断念する。

　③修学旅行や行事に参加できない。

　④部活に入れない。入ったとしても合宿などに参加できない。

　⑤多少具合が悪くても医者に行けない（連れていってもらえない）。

　⑥親が仕事を休めないために、授業参観などに参加できない。

　⑦視力が悪くてもめがねを作れない。

　⑧塾や予備校などに入れない。

3．子どもの貧困対策の推進に関する法律

　かつて貧困対策といえば生活保護制度があり、子どもを対象にしたものは自治体が行う就学援助制度がある程度でしたが、2013年6月に子どもの貧困に焦点をあてた「子どもの貧困対策の推進に関する法律」が制定されました。同法の第1条には「子どもの現在及び将来がその生まれ育った環境によって左右されることのないよう」に、「子どもの貧困対策を総合的に推進する」と明記されています。法に貧困率の改善に関する数値目標が明記されていないといった課題はあるものの、はじめて名称に「貧困」を冠した法が制定されたことは、子どもの貧困問題を社会が正面から受けとめた法として一定の意味があります。

　同法にもとづき、国や都道府県は総合的な貧困対策の大綱や計画を策定して取り組みを進めています。対策には、①教育の支援、②生活の安定に資するための支援、③保護者に対する就労の支援、④経済的支援の四つの柱が掲げられていますが、今後、自治体の努力とともに、不合理な地域格差が生じないように国が責任をもって基本的な条件整備を行う必要があります。

34 ヤングケアラーの支援

ヤングケアラーとは、どういう人のことをいうのでしょうか。児童委員として、どのようなことができますか。

POINT

ヤングケアラーは、介護や世話等に時間を取られ、子どもとしての学習や成長や発達の機会が奪われている状況にいる若年者のことをいいます。家庭内のことなので周囲が気づきにくいという課題があります。そのため、児童委員には早期の把握や関係機関への連絡、学校等との協力による継続的な見守りなどの支援が期待されます。

1. ヤングケアラーとは

法律による定義はありませんが、国が行った調査の際には、ヤングケアラーを「本来大人が担うと想定されている家事や家族の世話などを日常的に行っていることにより、子ども自身がやりたいことができないなど、子ども自身の権利が守られていないと思われる子ども」と説明しています。

ケア（care）とは「介護」や「世話」のことなので、ヤングケアラーとは「介護や世話をする若い人」になりますが、仕事で行っている人は含まず、家庭のなかで行っている人をさす言葉です。なお、ここでいうケアには、「常時見守りをすること」も含みます。

年齢は、子どもという点では18歳が一つの区切りになりますが、例えば、大学生や就職したての若者が家族の介護や世話が理由で学業や仕事に支障を来たしている例があることを考えれば、年齢で厳密に区切る必要はないと思われます。

2．ヤングケアラーの置かれている状況

　ヤングケアラーは、家族内のことなので問題が表に出にくいことや子ども自身や家族がその状態が問題だという認識がない場合もあることから、周囲が気づきにくいという課題があります。

　一方で、ヤングケアラーの「やりたいけれどできないこと」として、「自分の時間がない」「宿題や勉強をする時間がない」「睡眠が十分にとれない」「友人と遊ぶことができない」等があげられていることからも、その状況を改善するための支援が不可欠です。

3．ヤングケアラー支援のポイントと児童委員の役割

　ヤングケアラーの支援にあたっては、「子どもの健全な成長や発達、学ぶ権利を守る」という視点で考えることが大切です。

　家族の介護や世話をすること自体が悪いわけではなく、がんばっていることを否定する必要もありません。ただし、子ども自身がケアの負担によって成長や学習の機会が奪われていることに気づくことは困難です。「家族だから当然」と思い込んでいる場合や、親が公的支援策を知らず、子どもに頼って当然と思っている場合もあります。

　そこで、支援にあたっては、子どもや家族からの相談を待つだけではなく、周囲がその存在に早く気づき、本人の気持ちや家族間の関係も考慮しながら支援につなぐことが大切です。

　児童委員としては、支援が必要だと思われる人がいるにもかかわらず公的支援とつながっていない世帯などを注意深く見守り、声かけなどを行います。その活動を通してヤングケアラーの存在に気づいたときには、本人の気持ちを尊重しながら必要な支援につなぐことが大切です。

　このように、児童委員には、地域住民に最も近い立場にいることを生かした早期の気づきと対応の役割が期待されています。

35 在日外国人の子どもに対する支援

近くに外国人の方が住んでいてお子さんもいます。今後、何か困っていることなどがあれば支援をしたいと思っていますが、どのようにかかわっていけばよいでしょうか。

POINT

外国人の出入国管理は国が行っていますが、外国人やその子どもの生活などの支援は、地方自治体が行っています。子どもの暮らしや成長にはさまざまな支援が必要ですが、その際に、言葉、生活習慣、宗教、価値観などの違いに十分配慮する必要があります。きめ細かな支援には行政だけでなく地域社会の協力が不可欠であり、児童委員には自治体の外国人支援部門等と連携した取り組みが期待されます。

答え

1．日本にいる外国人とその子ども

日本は移民政策はとっていませんが、人手不足を背景に、特定の専門職者や資格所有者を受け入れる制度や、日系人（日本人にルーツをもちブラジル等の国籍をもつ三世までの人）の認定制度、介護などの特定分野で一定条件に該当する人が働ける特定技能制度等を設けています。また、日本の技能や技術を開発途上国に移転するための外国人技能実習生制度もありますが、度々問題点が指摘されています。

いずれにしても、これらの制度を活用して日本で働く外国人のなかには、子どもを来日時に連れて来たり、後から呼びよせたり、日本で子どもを授かるなどさまざまな経過で子どものいる世帯があります。

2．外国人の子どもの置かれている現状と課題

言葉や文化や生活習慣の違い等から、保護者とのかかわりを含め外国人の子どもの生活や成長に関して次のような課題が生じています。

（1）医療の利用に関すること

・病院の場所や受診の方法がわからない。

・病院を受診したときに症状を医師にうまく伝えられない、聞かれたことに正確に回答できない、受けた説明を理解できない。

・保険に入っていないので費用が払えない（その結果、受診をやめる）。

（2）保育に関すること

・そもそも保護者が保育園の存在や利用方法を知らず利用していない。

・保育園として、家庭のことなどで保護者とのコミュニケーションをとりたいときにうまくやりとりできず困難を伴う。

（3）義務教育（小中学校）に関すること

・外国人の子どもが特別支援学級に属する割合が、日本人の子どもが属する割合よりも高くなっている。その理由として日本語がわからないために知的障害と思われたり、教育指導の体制が手厚いのであえてそうしているという事例が散見される。

・2022 年の調査では、外国人の子どもの 8183 人が小中学校に行っていない。なお、子どもが外国籍だと義務教育の対象外になるが、希望すれば公立の小中学校は受け入れることになっている。

3．支援の必要性と児童委員に期待される役割

　外国人の子どもにとって大切なことは学校や地域に居場所があることです。それらの場所で多くの日本人と接すれば確実に日本語も覚えます。児童委員には、関係機関と連携しながら居場所づくりを進めることや、サービス利用を支援する役割、保育園や小中学校に行っていない子どもを把握した場合に市町村の児童福祉関係の部署や教育委員会等に連絡する役割等が期待されます。なお、外国人は外国人同士でネットワークを形成することが多いので、誰か一人の外国人とつながることで、ほかの人に関する情報提供を受けられる場合もあります。

第5章

児童委員として取り組む児童虐待防止と相談支援活動

第5章の目的

　第1章から第4章では、子どもをとりまく状況、児童福祉や子育て支援にかかわる制度及び各専門機関や施設、そして、児童虐待の実際や児童をめぐるさまざまな課題などをみてきました。

　それらをふまえ、本章では、児童委員にどのようなことが期待されているか、また、児童虐待への対応を中心に、児童委員らしさを生かした支援やかかわりとはどのようなことかを具体的に考えます。

　なお、子育て支援の取り組みには、サロンづくり、子育てマップづくり、遊び場点検、子育てにやさしいまちづくりなどの児童健全育成活動がありますが、それらについてはさまざまな事例集や取り組みマニュアルなどが出ています。

　そこで本章では、このような児童健全育成活動ではなく、個別支援活動、なかでも児童虐待への対応を中心に、子ども・子育て支援に関する課題を取り上げました。

36 児童委員・主任児童委員制度の制定理由と根拠

民生委員は全員が児童委員になっています。また、主任児童委員制度もありますが、なぜ児童分野だけこのような制度を設けているのですか。どのような根拠によりますか。

POINT 　地域住民の生活上の課題は多種多様ですが、特に児童福祉の課題は重要性が高いことから、児童福祉分野には、児童委員、主任児童委員の制度が設けられています。

答え

1. 児童福祉法のなかでの児童委員制度の制定

　1947年の児童福祉法制定の経過についてはすでに述べましたが（**9**参照）、同法の提案説明の際に示された法の内容の四つの柱のなかの2番目の柱で、次のような説明が行われました。

> 　第二は、児童保護の機関を整備せんとする点であって、児童福祉委員会を設けて児童問題全般の強力な推進力とし、また有給あるいは名誉職の多数の児童委員の活動により、個々の児童問題を具体的に解決し、また児童相談所を設けて児童につき科学的な措置や相談指導を行わんとするものである。（下線部筆者）

　この説明から、第二次世界大戦後の混乱期における子どもをめぐる切実な問題に対応するために、政府が有給の公務員である児童福祉司と連携した「多数の児童委員の活動により、個々の児童問題を具体的に解決」する役割を期待して児童委員制度を設けたことがわかります。

　こうして、児童福祉法に「民生委員は児童委員に充てられたものとする」という規定が盛り込まれましたが、当時、一部に、年齢や資質の面

から民生委員を全員そのまま児童委員とすることに反対する意見があり
ました。

　そこで政府は、民生委員の改選時期を早め、児童福祉法の施行に合わ
せて改選を行うこととし、その際の選任条件に児童福祉に対する理解な
どを加えました。こうして、「児童委員としてもふさわしい人が選ばれ
ているのだから問題はない」と説明しました。なお、この考え方は、現
行の民生委員法第6条第1項の民生委員の推薦の要件に受けつがれてい
ます。

2．事項担当委員としての主任児童委員制度の制定

　民生委員法第13条には、次のような規定があります。

> 第13条　民生委員は、その市町村の区域内において、担当の区域又は
> 　　事項を定めて、その職務を行うものとする。

　主任児童委員制度は、この条文の「事項を定めて」という部分が根拠
になっていることから、事項担当民生委員ともいえます。事項担当とい
う考え方は主任児童委員制度を設けるために新しくつくられたわけでは
なく、民生委員法の前身である民生委員令ができた当初（1946年）か
らありました。その考え方が民生委員法にも受け継がれ現在に至りま
す。

　厚生省（当時）の調査によると、1946年末には、区域担当民生委員
が11万4081人いたのに対し、事項担当（内容は法律、医療、教育、婦
人、青少年、引き揚げ、戦災などかなり詳細に分かれていた）の民生委
員も8824人いました。その後、専門相談機関の整備などにより事項担
当民生委員は実質的にいなくなりましたが、児童福祉の課題の拡がりを
受けて、あらためて主任児童委員が配置されることになったわけです。

37 児童福祉法で定められている 児童委員の職務

民生委員の職務は民生委員法に明記されていますが、児童委員の職務がよくわかりません。具体的にどのような職務があるのですか。

POINT 児童委員には、子育て世帯に関する状況把握や援助、児童福祉の関係機関に対する支援や協力などの職務があることが児童福祉法第17条等で定められています。

答え **1. 児童福祉法第17条で規定されている基本的な職務**

児童委員の職務は次のように規定されています。

第17条　児童委員は、次に掲げる職務を行う。

1　児童及び妊産婦につき、その生活及び取り巻く環境の状況を適切に把握しておくこと。

2　児童及び妊産婦につき、その保護、保健その他福祉に関し、サービスを適切に利用するために必要な情報の提供その他の援助及び指導を行うこと。

3　児童及び妊産婦に係る社会福祉を目的とする事業を経営する者又は児童の健やかな育成に関する活動を行う者と密接に連携し、その事業又は活動を支援すること。

4　児童福祉司又は福祉事務所の社会福祉主事の行う職務に協力すること。

5　児童の健やかな育成に関する気運の醸成に努めること。

6　前各号に掲げるもののほか、必要に応じて、児童及び妊産婦の福祉の増進を図るための活動を行うこと。

第17条第1項第1号、第2号では援助の対象が「児童及び妊産婦」

とされていますが、児童福祉法でいう児童とは「満18歳に満たない者」、妊産婦とは「妊娠中又は出産後1年以内の女子」のことです。仮にこの通り解釈すると、支援対象となる親の範囲が限定されてしまいます。しかし、いうまでもなく、出産後2年でも10年でも支援が必要なことはあります。したがって、ここでの対象の規定は、子育て中の親のなかでも特に妊産婦には手厚い支援が必要だ、と考えればよいでしょう。当然ながら、それ以外の親も性別を問わず支援の対象になります。

また、第1号と第2号が個別支援を定めているのに対し、第5号は「児童の健やかな育成に関する気運の醸成」を職務に掲げ、特定の対象ではなく地域社会全体を対象にした取り組みが期待されています。

なお、第17条第2項と第3項に主任児童委員に関する規定がありますが、これらは**39**で紹介します。

2．児童福祉法で規定されている職務（第17条以外）

児童福祉法では、第17条以外にも次のような場面で児童委員が登場します。これらのなかには、他者からの依頼によって行う活動もありますが、いざというときにとまどわないよう知っておくことが大切です。

①要保護児童を発見した者は児童委員を介して通告ができる（第25条）

②児童相談所長の措置により児童または保護者を指導する（第26条第1項第2号）

③都道府県の措置により児童または保護者を指導する（第27条第1項第2号）

④都道府県知事からの要請を受けて立入調査または質問をする（第29条）

⑤経済的理由等によって、児童を手元で養育することが困難な場合、保護者の相談相手になる複数の専門機関の一つとして、児童委員があげられている（第30条第3項）

38 児童委員の子ども・子育て支援活動の全体像

児童委員の役割に関する児童福祉法の規定はわかりましたが、具体的にどのような活動があるか、全体像を教えてください。

POINT

次の通り六つの分野の活動があります。自ら行うものと依頼されて行うもの、単独で行うものと複数で行うものなど、さまざまな活動があります。

答え

厚生労働省が策定した「児童委員の活動要領」（2004年11月8日改正）を参考に、活動内容を整理します。

1	実情の把握と記録	①関係機関と連携して地域の子育て状況を把握する。 ②保護を必要とする児童などを自ら発見、把握するとともに、関係機関からの依頼によっても的確に実情を把握し、報告する。 ③その後の活動のために正確な記録を残す。
2	相談・支援	①児童手当や各種貸付金などの制度の周知と、適切な受給や利用を支援する。 ②保護を必要とする児童などが適切な支援を受けられるよう施設、サービス、機関などの紹介や助言などの支援を行う。 ③都道府県知事や児童相談所長の措置により児童や保護者の指導の委託を受けた場合に適切に指導する。 ④施設を退所する児童やその家族などを支援する。 ⑤広報活動などを通して里親の希望者を開拓する。 ⑥妊産婦に対し、母子健康手帳の活用や定期健診の受診、乳児の健康診査や訪問指導などの利用を支援する。

3	児童の健全育成のための地域活動	関係者と連携し、次のような活動を通して児童の健全育成に関する活動への地域住民の参加と気運の醸成に取り組む。 ①母親クラブ、子育てサークル、子ども会活動などへの参加、協力や、健全育成に取り組む地域の協議会などへの積極的な参加、協力。 ②地域の母子保健組織の活動に対する援助、協力。 ③健全な児童文化の普及への協力、及び児童に有害な雑誌の自動販売機などの撤去要請などによる地域の環境改善の促進。 ④児童館や学童保育などの設置による児童の居場所の確保。 ⑤事故や犯罪の被害から子どもを守るための取り組み。 ⑥喫煙、飲酒、家出、性的非行、暴走行為などの非行や犯罪の早期発見と防止。そのための地域環境の改善。
4	児童虐待への取り組み	①保護者を身近な支援者として支え、虐待を予防する。 ②虐待の早期発見と通告、早期対応に努める。専門機関から依頼があった場合、調査や情報提供を行う。 ③専門機関と連携して虐待の再発防止やフォローアップをする。 ④児童虐待防止ネットワークに参加する。
5	意見具申	①都道府県知事や市町村長などから意見を求められた場合に意見を述べる。 ②子ども・子育て支援の観点から民児協を通して関係機関に意見具申する。
6	連絡通報	保護の必要な児童や妊産婦等を発見したりそれらの者に関する情報提供を受けたときは、速やかに市町村等の関係機関に連絡する。

　活動要領の冒頭には、児童委員の任務として行政機関の行う児童福祉関係の業務に積極的に協力することや、関係者と協力して児童の健全育成に関する気運の醸成に努めることが示されています。この表の内容は、その主なものを列挙していると考えればよいでしょう。

39 主任児童委員の役割①（区域担当児童委員や個別支援との関係）

主任児童委員は区域担当の児童委員とどのような連携や役割分担をすればよいでしょうか。

POINT 主任児童委員には、区域担当の児童委員に協力する役割、自ら個別支援活動をする役割がありますが、実際の内容は、支援を必要とする子どもや家庭にとって最も適切な支援方法を検討するなかで決まってきます。

1．主任児童委員制度

　主任児童委員は、当初（1994年）は法律では規定されず、厚生労働省の定める設置要綱によって創設されました。

　その後、位置づけを明確にするために、2001年に児童福祉法第12条第3項（現在は第16条第3項）で「厚生労働大臣は、児童委員のうちから、主任児童委員を指名する」と規定されました。また、2001年12月の一斉改選時から選出基準を手厚くし、構成する民生委員数が39人以下で2人、40人以上で3人を選出することで、すべての民児協で複数の主任児童委員が選任されるようになりました。

2．法定化当初の主任児童委員の職務はもっぱら「間接的なかかわり」

　2001年の法定化当初の主任児童委員の職務は次の通りでした。

> 　主任児童委員は、前項各号に掲げる児童委員の職務について、児童の福祉に関する機関と児童委員（主任児童委員である者を除く。以下この項において同じ。）との連絡調整を行うとともに、児童委員の活動に対する援助及び協力を行う。（児童福祉法第12条の2第2項（現在は第17条第2項））（下線部筆者）

このなかの下線を引いた「前項各号に掲げる児童委員の職務」の内容には、児童の把握や親に対する情報提供など、区域担当の児童委員の行う個別支援活動があげられています。そのため、当時「これらの直接的な個別支援活動は主任児童委員の役割ではない」という考え方が一部に広まりました。

3. 2004年法改正で主任児童委員も個別支援活動を行えることを明記

以上のような経緯から、必要なときに主任児童委員が個別支援活動に取り組みにくいといった声も聞かれるようになりました。

そこで、状況に応じて主任児童委員も個別支援活動ができることを明確にするために、2004年の児童福祉法の改正で主任児童委員の職務に次の項目が加わりました。

> 前項の規定は、主任児童委員が第1項各号に掲げる児童委員の職務を行うことを妨げるものではない。（児童福祉法第12条の2第3項（現在は第17条第3項））

この規定により、主任児童委員も個別援助活動を行えることが明確になりました。市町村等が個別の状況把握や見守りなどを依頼するのは、原則として区域担当の児童委員ですが、児童委員と主任児童委員の間で大切なことは、どちらが優先かということではなく、支援の隙間（時間的隙間と内容的隙間の両方）が生じないように連携することです。なかでも、児童委員との関係づくりが難しい場合や、以前から主任児童委員が知っている場合などは、主任児童委員が中心となって支援します。

4. 主任児童委員の児童福祉以外の福祉課題へのかかわり方

主任児童委員は、地域で児童福祉以外の課題に気づいたり情報を入手した場合、緊急な場合以外は、自分が直接支援をすることよりも、区域担当の民生委員に適宜情報提供をする役割が期待されています。

40 主任児童委員の役割②（民生委員児童委員協議会のなかで）

主任児童委員が民児協組織のなかで果たす役割について教えてください。

POINT 児童福祉を専門的に担当する主任児童委員は、自分自身の学習や情報収集を通した専門性向上への取り組みが欠かせません。同時に、自分が所属する民児協の児童委員の活動が円滑に進むように環境づくりなどの役割も期待されています。

答え 主任児童委員に期待される役割（個別支援活動や情報提供などを除く）には、関係機関とかかわりながら果たす役割と民児協組織のなかで果たす役割があります。

１．関係機関とかかわりながら果たす役割

（１）さまざまな関係機関と日常的に連携する

主任児童委員は定期的会合や訪問などを通して、児童福祉の関係機関や学校などとの信頼関係を構築することが大切です。その際、主任児童委員が個人的信頼関係をつくるとともに、児童委員に関する説明などを丁寧に行い、児童委員全体に対する理解や信頼を高めることも大切です。また、そこで得られた最新の情報などを、次ページ２の（２）で述べるように児童委員全体に伝える役割も期待されます。

（２）審議会や委員会に委員として参画する

市町村や社会福祉協議会などが設置する福祉に関する計画策定委員会や各種検討会などに参画を求められることがあります。この場合、主任児童委員は一個人としてではなく、その市町村（地域）の児童委員を代表する立場での発言が期待されます。

つまり、例えば、児童の健全育成に関する協議のなかで「地域の中にある有害な施設・場所」の話になったときに、自分の家の近所のことだけでなく、自分が所属する単位民児協のエリア全体の情報をもっておき、その立場からの発言が期待されているということです。これは、「地域の中で、児童福祉にかかわることで気になることはないか」といったような場合も同じです。

　そのため、このような委員会や検討会などの前には、民児協の会合でテーマとして取り上げ、各児童委員から児童福祉にかかわる情報を得て、あらかじめまとめておくとよいでしょう。

（３）提言や意見をまとめる

　民生委員法第24条第２項によって民生委員協議会に与えられている意見具申権を積極的に活用して、子ども・子育て支援を推進するための意見具申や提案が期待されます。その際、主任児童委員は会長などと連携しながら内容をまとめる役割が期待されます。

２．民児協組織内部での役割

（１）部会・委員会活動を通しての役割

　各民児協に必ずあるわけではありませんが、児童にかかわる部会や委員会が設置されている場合、その運営を担う役割が期待されます。

（２）児童福祉にかかわる最新の情報の提供

　児童福祉にかかわる地域の環境変化や制度の改正内容、新たに起きている問題などを伝える役割が期待されます。制度の解説は自治体職員が行う場合もありますが、その場合でも、主任児童委員がよりわかりやすく説明することで理解が深まります。

（３）学習の場などを通しての児童委員の専門性の向上

　研修の実施や地域の子育て中の親子との懇談会などを通して、児童委員の知識や問題対応力の向上を図る役割が期待されます。

41 相談援助活動における関係機関の位置づけと児童委員の役割

さまざまな行政機関や専門機関が相談援助活動に関係していることは
わかりましたが、あらためて全体像を教えてください。また、そのなか
で児童委員はどのように位置づけられますか。

POINT
子ども・家庭支援の相談援助活動にかかわる機関は数多くあ
り、いろいろな方面から相談や情報提供があります。その対
応策も多岐にわたりますが、どのような経過をたどる場合で
も、相談が放置されることなく必ずどこかの機関が責任をもっ
て対応することが大切です。児童委員は、紹介や通告の場面
と指導の場面の両方で役割をもつ可能性があります。

答え
次ページの図は、厚生労働省が作成した相談援助活動の系統
図です。これをもとに、相談援助の主な流れを説明します。

＜相談や通告＞

一番左上にあるのが支援対象となる「子ども・家庭」です。そこから
右に向かっている Ⓐや Ⓐ′の矢印は、当事者が自ら関係機関に相談する
場合です。一方、Ⓑの矢印は、周囲が気づき市町村への通告Ⓒや児童相
談所への通告Ⓒ′をする場合です。通告を受けた市町村は、自ら援助を
行う場合もあれば、児童相談所に送致する場合Ⓓもあります（**14** 参照）。

＜調査や判定をもとにした措置や送致＞

送致・通告を受けた児童相談所は、調査や判定などを行い、必要に応
じて各種の措置Ⓔや家庭裁判所に対する申立てや送致Ⓕの対応をしま
す。

市町村・児童相談所における相談援助活動系統図

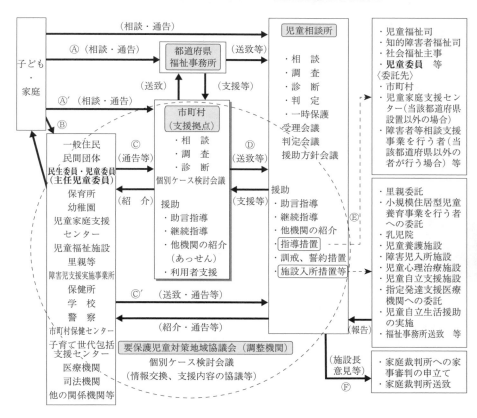

出典：厚生労働省資料（一部筆者により加筆）

＜児童委員の役割＞

　上の図で、児童委員は、Ⓑの矢印の先の一般住民の並びに出てくるとともに、右側のⒺの矢印の先にも出てきます。つまり、児童委員は相談を受けたり情報を得て（Ⓑ）、市町村に通告する場合（Ⓒ）や児童相談所に通告する場合（Ⓒ′）がある一方、児童相談所から依頼を受けて「指導」を行う場合（Ⓔ）もあるということです。

42 児童虐待対応の原則

児童虐待に対応するときにはどのような原則がありますか。

POINT 子どもの安全を最優先にしつつ、冷静に状況を把握しながら関係機関と連携して対応することが大切です。

答え 厚生労働省が関係機関向けに作成した「子ども虐待対応の手引き」（平成25年8月改正版）には、子ども虐待対応の八つの原則が示されています。ここで示されている原則は、児童委員活動でも十分参考になるので、この手引きを手がかりにして児童委員の対応の原則や心構えを考えます。

	原則	内容
1	迅速な対応	初期対応が遅れたことで重大な事態に至る事例があることをふまえ、速やかな通告が必要です。特に、夜間や休日の場合の連絡方法を明確にしておく必要があります。
2	子どもの安全確保の最優先	虐待への対応では安全確保が最優先です。保護者に対する遠慮や気遣いは重大な事態を招く危険があります。虐待をした保護者を責めるためでなく、支援をするために通告などの対応をすると考えるとよいでしょう。
3	家族の構造的問題としての把握	虐待が生じる家族には、保護者の性格、経済状態、就労、夫婦関係、居住環境などさまざまな問題が存在し、複合的に関係しているので、それら全体を見据えた対応が必要です。その際には、家族の生活上の困難さやつらさを理解し、保護者の心情をくみとることも大切です。

4	十分な情報収集と正確なアセスメント	情報が伝聞か否か、誰から聞いた情報か、目撃した事実かなどに注意しながら、十分な情報を集める必要があります。また、家族の生活歴を丁寧に聞くことも適切な支援には不可欠です。
5	組織的な対応	適切な対応のためには、一人で抱え込まず、複数で対応したり、会議の場で討議して対応方針を定めます。
6	十分な説明と見通しを示す	一時保護をした場合など、保護者は強く反発し自分の行為を冷静に振り返ることができなくなる場合があります。子どももその後のことを考えて強い不安をもつことがあります。両者の声に耳を傾けながら、丁寧に説明し、一緒に考えることが大切です。
7	法的対応など的確な手法の選択	児童相談所には法的権限があり、状況を冷静に分析してその権限を的確に行使する必要があります。その際には、保護者に丁寧に説明をする必要があります。
8	多機関の連携による支援	虐待の対応は一つの機関や職種では不可能です。関係機関が要保護児童対策地域協議会などを活用して情報や援助方針を共有し、支援につなげることが必要です。

　以上のなかで、6や7の原則は児童相談所などの専門機関の役割であり、児童委員が前面に立つことはありません。一方、4の原則では、児童委員に対してあらためて情報収集への協力や確認を依頼される場合もあります。また、8の原則では、他機関と連携しながら児童委員が援助に加わる場合もあります。

　児童委員としては、ここに書かれているような様々な原則があることを知るとともに、専門機関の対応のあり方や子どもとその保護者の環境や心情などを十分理解したうえで、関係機関と連携しながら無理のない範囲で支援をすることが大切です。

43 児童虐待対応の目標

児童虐待対応で、とりあえず子どもの安全確保が大切なことはわかりますが、それだけでは問題解決にはならないと思います。長期的には、どのような目標のもとでどのような支援が行われるのですか。

POINT

児童虐待が発見された場合のとりあえずの目標は子どもの安全確保ですが、それで問題が解決するわけではありません。次の段階では、児童が健全に成長発達できるように、児童に対する支援、虐待をした保護者に対する支援、そして親子の再統合のための環境づくりの支援などをします。

答え 　児童虐待防止法第4条第1項は、国と地方公共団体に対して、次のような支援のための体制整備を求めています。

> 児童虐待の予防及び早期発見、迅速かつ適切な児童虐待を受けた児童の保護及び自立の支援並びに児童虐待を行った保護者に対する親子の再統合の促進への配慮その他の児童虐待を受けた児童が家庭で生活するために必要な配慮をした適切な指導及び支援を行う
>
> （児童虐待防止法第4条第1項抜粋）

　以下、この内容を手がかりに児童虐待対応の目標を考えてみます。

1. 早期発見・早期対応による保護をしたうえで次の目標を設定する

　児童虐待対応の究極の目標は防止することですが、現実になくならない以上、早期に発見し迅速に児童を保護することが大切です。

　ただし、児童の保護は、それが最終目標ではありません。虐待を受けた児童が、その後、安全な環境で暮らし成長し、発達をしていくために、社会には次の2及び3の支援をする責任があります。

2．児童虐待を受けた児童の自立の支援

　虐待を受けた児童の自立支援のために、これまで心身に受けた傷やダメージを回復させ、その影響を取り除く必要があります。これらは短期間でできることではなく、専門職が協力しあいながら長期的な支援プログラムによって行います。その際、その子どもの良い点、できること、といったプラス面も忘れずに評価することが大切です。

3．子どもにとって望ましい「親子の再統合」に向けた支援

　ここでいう「親子の再統合」には次の二つの意味があります。

①保護者から離れていた子どもが家庭に戻って再び親子で同居すること

　児童が良好な家庭環境で生活する状態を保護者が実現できる（他者の支援を受けながらでも構わない）ようになれば、同居は実現します。

②同居していなくても親子間で一定の交流があり信頼関係があること

　上記①でいうような再び同居する割合は、現実には2割にも達しません。そこで、同居はしていなくても、親子になんらかの接点があり交流をしていて、一定の信頼関係が成立している状態も「親子の再統合」と考えます。まずはそこを目標にし、その先に上記①まで行く場合とそうでない場合があります。なお、児童虐待防止法第11条では、虐待をした保護者に対して、都道府県などが児童虐待の再発防止のために専門的知見に基づく指導をすることを定めています。

　このように児童虐待対応の目標は、当面の目標と長期的目標、子どもに対する支援と親に対する支援、両者の再統合など、多面的にとらえる必要があります。そして、子どもの成長や保護者の変化などを長期的、継続的に見守っていく必要があります。

　なお、都道府県や政令指定都市などでは、親子関係の再構築に向けてカウンセリングや保護者支援プログラムなどに取り組んでいます。

44 住民から虐待の情報提供があったときの対応

地域住民から「近所で虐待しているようだ」との情報提供がありました。情報提供してくれた住民への受け答えや、その後の専門機関への連絡にあたって、どのような点に気をつける必要がありますか。

POINT 情報提供してくれた住民（以下「通告者」）に対しては、その気持ちを受け止めて対応する必要があります。その後の専門機関への通告は、できるだけ速やかに行う必要があります。

答え 通告者から情報提供を受ける場面と、その後に専門機関に通告する場面の二つの場面がありますが、それぞれで次のような配慮や工夫が求められます。

1．通告者から情報提供を受ける場面

　児童虐待防止法第6条で「児童虐待を受けたと思われる児童を発見した者は、速やかに」関係機関に通告する義務が法定化されていることや、その必要性に対する理解が浸透してきたため、近隣住民からの児童虐待の通告件数が増えています。方法として、①市町村、福祉事務所、児童相談所等に直接通告する、②児童委員を介して通告する、の二つがあり、②のときに児童委員は通告者とやりとりをすることになります。

　このときに児童委員として大切なことは、次の3点です。

（1）通告者の不安に配慮すること

　通告者の多くは、「自分が通告したことが虐待している親に知られたら、逆恨みされるかもしれない」「もし虐待でなかった場合はどうしよう」といった不安をもちながら通告をしています。したがって、児童委員はそのような不安を受けとめたうえで、「通告者の名前が知られるこ

とはないこと」「虐待でなかったとしても、何ら責任は問われることはなく、全く心配はないこと」などを丁寧に話す必要があります。

（２）事実と伝聞を確認、整理しながら情報を収集する

　通告者が話している内容が、通告者自身が直接見たことなのか、誰かから聞いたことなのかを確認し、それらを区別して記録しておく必要があります。ただし、通告者が直接見ていない場合は通告を受け付けないということではなく、伝聞でも重要な事実が含まれている可能性があることを念頭に置いて対応することが大切です。

（３）児童委員の役割について理解を求める

　通告者のなかには「すぐに何とかしてくれ」「その後どうなったか後で教えてくれ」という人もいます。それだけ心配しているということでしょうが、児童委員ができることは限られていること、また、守秘義務があることなどを丁寧に話し、理解を得るようにするとよいでしょう。

２．専門機関に通告する場面

　何よりも早く専門機関に通告することが大切ですが、その時点で、当該家庭の情報があれば、それも含めて通告すれば、より迅速な対応が可能になります。この場合、守秘義務違反には当たりません。ただし、詳細な通告をするために、新たに情報収集する必要はありません。

　通告をした後、専門機関から調査協力の依頼を受けたり、要保護児童対策地域協議会で行われる個別ケース検討会議への出席を求められる場合があります。仮にそれらの依頼がなくても、当該家庭を注意深く見守り、異変などに気づいたときは関係機関に知らせることも大切です。

　また、通告の前に、主任児童委員であれば区域担当児童委員（逆の場合も同じ）や民児協会長に連絡して、相談することも大切です。そこで新たな情報が得られ、より迅速な対応につながる通告ができる場合もあります。

45 法定化されている 関係行政機関への協力業務

児童委員は市町村や児童相談所などから実際にどのようなことを頼まれるのでしょうか。児童福祉のことは詳しくないので不安なのですが。

POINT

市町村からは児童委員活動全般にかかわる内容の報告を求められたり、個別の家庭に関する見守りや支援を依頼されることがあります。また、児童相談所からは調査や指導の依頼を受けることがあります。いずれも児童委員の立場をふまえて、可能な範囲で取り組めばよいとされています。

答え 児童福祉法により、次のような協力業務が定められています。

1．状況の通報、資料提供、調査（児童福祉法第18条）

（市町村長又は児童相談所長と児童委員との関係）

第18条 市町村長は、前条第1項又は第2項に規定する事項に関し、児童委員に必要な状況の通報及び資料の提供を求め、並びに必要な指示をすることができる。

2 児童委員は、その担当区域内における児童又は妊産婦に関し、必要な事項につき、その担当区域を管轄する児童相談所長又は市町村長にその状況を通知し、併せて意見を述べなければならない。

3 児童委員が、児童相談所長に前項の通知をするときは、緊急の必要があると認める場合を除き、市町村長を経由するものとする。

4 児童相談所長は、その管轄区域内の児童委員に必要な調査を委嘱することができる。

（1）市町村長が児童委員に依頼する状況の通報や資料提供（第1項）

　第18条第1項でいう前条第1項とは児童委員の職務、第2項は主任児童委員の職務のことです。つまり、児童委員は業務全般について通報や資料提供を求められたり指示を受ける場合があるということです。

（2）児童委員が主体的に行う通知や意見提出（第2項、第3項）

　児童委員は区域内の児童や妊産婦などの状況を把握し、支援や見守りなどが必要な場合に連絡をします。その際、原則として児童相談所長への連絡は市町村長を経由するということです。

（3）児童相談所が児童委員に委嘱する調査（第4項）

　児童委員は次のような調査を委嘱されることがあります。

　①児童委員から通告などを受けた事例で、判定のためにさらに必要な資料を得ようとする場合の調査

　②保護を要する子どもの家庭、地域に関する調査

　児童相談所は児童委員にこれらの依頼をする場合、「何をどこまですればいいのかなど、具体的な調査項目や手法を明確に示す」ことになっています。したがって、調査の依頼内容や調査方法などに曖昧な点があれば、遠慮なく児童委員の側から詳細な確認をして構いません。

2．児童委員による指導（児童福祉法第26条、第27条）

　「問題が家庭環境などにあり、児童委員による家族間の人間関係の調整により解決すると考えられる」場合などに、児童委員は保護者に対する指導を依頼されることがあります。この場合、児童相談所が両者の顔合わせを行います。また、その内容が児童虐待に絡む場合には、専門職である児童福祉司による指導と併せて行われます。

3．児童委員による立入調査（児童福祉法第29条）

　児童に対する監護の状況を把握するため、都道府県知事から児童の居所を訪問して行う調査や質問を依頼されることがあります。

46 個別支援活動で親に接するときに気をつけること

児童委員として個別支援活動をする場合、どのような点に気をつける必要がありますか。

POINT

子どもや保護者に個別に対応する場合、子どもの立場を第一に考えるとともに、親との信頼関係の構築を意識しながら、先入観をもたずに自然に接して状況を把握し、各専門機関と連携しながら対応することが大切です。

答え

例えば児童健全育成のイベントをする場合であれば、個別的な対応はあまり気にしなくてもよいでしょうが、児童相談所や市町村などから指導や見守りなどを頼まれた場合、あるいはそこまでいかなくても気になる家庭の親と接する場合には、児童委員という立場をふまえた会話や言葉遣い、関係づくりなど、細心の注意が必要です。

以下、ポイントをまとめてみましょう。

1．自分が児童委員という立場であることを理解してもらう

行政職員でもボランティアでもなく、児童委員という立場でかかわることを理解してもらうことが大切です。もちろん、相手によって理解に差があるでしょうから、可能な範囲でよいわけですが、できれば次のような点を伝えられるとよいでしょう。

①ボランティアではあるが、支援する役割をもっていること

②法に基づいて役割をもち、守秘義務が課せられていること

③基本的立場は民間人であり、可能な範囲で福祉に協力する役割があること（したがって、なんでもいつでもできるわけではないこと）

④民間人であり、公的な権限や強制する権限などはないこと

2．親を責めたり、注意をしない

　これはもっとも大切なことです。子育て中の親は基本的に一生懸命が
んばっていると自分で考えています。そのときに、「あなたのがんばり
が足りない」「もう少ししっかりしないと子どもがかわいそう」という
ようなことを言われれば、当然意欲をなくしますし、児童委員との信頼
関係も構築できません。明らかに危険な行為をした場合は直接注意した
ほうがよいでしょうが、その内容が「気になること」程度であれば、い
きなり注意などはせず、まずは注意深く様子を見守るようにするとよい
でしょう。

3．子どものことを最優先に考えてかかわる

　上記2の通り、親を責めたりしないことが大切ですが、子どもが危険
にさらされるような場合は別です。そのような場合は速やかに関係機関
に連絡し、連携して対応する必要があります。

4．自分の体験や価値観にとらわれない

　相談を受けると、ついつい自分のしてきたことや成功体験を話したく
なります。「体験を聞かせてほしい」と求められた場合には自分の経験
を話してもよいでしょうが、その場合、あくまでも自分が置かれた環境
や条件のなかでそれをした（うまくいった）のであって、それが誰にでも
通用するわけではないことを明確にしながら話す必要があります。もちろ
ん、求められてもいないのに、個人の価値観や先入観で「こうすべきだ」
といった「指導」や「教育」をすることは避けなければなりません。

5．理解しようとする姿勢をもち続ける

　社会は急速に変化しており、例えば、言葉一つとってもわからないこ
とがあるでしょうし、理解しがたい考え方をしていることも珍しくあり
ません。しかし、それが子どもの危険に直結するようなことでない限
り、よく親の話を聴き、理解する姿勢をもち続けることが大切です。

47 子どもに接するときの基本姿勢と工夫

子どもに接するときに、心得ておくとよいことがあれば教えてください。

POINT 子どもに対し、大人と区別することなく一人の人間として尊重する姿勢をもちながら、個々の子どもの特性に応じた接し方の工夫が必要です。

答え **1．一人一人を尊い存在として接し、他人と比較しない**

　人間は、一人一人が独立した存在であり、性格も能力も育つ環境も、成長や発達のスピードもみな異なります。したがって、一人一人が尊い存在であり、他の子どもと比較すること自体無意味です。もちろんテストやスポーツなどでは比較が行われますが、これは、その範囲での優劣に過ぎず、そもそも人間の価値とは全く無関係です。

　一部の親は、我が子を同年齢の子どもと比較して「遅れ」を意識すると、がんばって追いつかせようとしますが、ときにはそれが虐待につながることもあります。あくまでもそれぞれの子どものもつペースを尊重することが大切です。子どもは、誰かと比較された結果、誰かに合わせたり追いつくように強いられると、自分の価値が認められていないと感じ、自分を否定的にとらえやすくなります。

2．受容と共感の態度が基本

　子どもの話をきちんと聴くことは当然ですが、子どもと話すときは、なるべく最初は子どもが使った言葉を使うようにすると子どもとの距離が縮まります。また、言いにくいことを言ってくれたような場合には、そのことについて「よく言ってくれたね」「話してくれてありがとう」

といった言葉を返すとよいでしょう。

3. 子どもの自己決定を大切にする

　乳児は無理としても、一定の年齢になればある事柄に対してまずはその子どもの判断や希望を聴くことが大切です。もちろん間違った判断や希望をそのまま受け入れる必要はありませんが、大切なことは、子どもがなぜそのように考えたのか、きちんと子どもに理由を聴くことです。そのうえで、そのどこが間違っているのか、あるいは、希望が通らない場合は、その理由をきちんと説明する必要があります。こちらの答えを一方的に押しつけることなく、これらのやりとりを通して子どもの気持ちを尊重していることを子どもに感じとってもらうことが大切です。

4. 目線の高さをあわせる

　車いすの利用者と話すときにも共通しますが、上から見下ろすと威圧的になるので、腰を落とすなどして、自分の目線が子どもの目線と同じ高さ、またはこちらのほうが低くなる位置で話すことが大切です。

5. きちんとした服装、身だしなみで接する

　子どもは大人を見て学び、まねをします。例えば、ラフな服装でよい場面でも、ボタンをきちんととめる、髪の毛を整える、爪を切るといったように、身だしなみを整えて接することが大切です。

6. 言葉の理解度に応じたコミュニケーションをする

　子どもが理解できるようにわかりやすい言葉を使う必要があります。反応を見ながら話し、もし、一度でわからないようであれば、言い方を変える、内容によっては絵や写真を使うなどの工夫が必要です。

7.「○○のくせに」を言わない

　「子どものくせに」「男（女）のくせに」「お兄ちゃんのくせに」といった言葉は、子どものなかに先入観や偏見、思い込みを生み出し、後々の人間関係の形成において悪影響が生じる可能性があります。

48 援助が必要な子どもと 話すときの留意点

児童委員として、虐待を受けた、あるいは受けていると思われる子どもや、なんらかの課題を抱えている子どもと話をする場合に、気をつけたほうがよいことを教えてください。

POINT

必要以上に構えすぎないようにしつつ、子どもが相反する複雑な感情をもっていることに十分配慮するとともに、その後の信頼関係の構築や維持も考えながら、可能な範囲で事実を正確に把握することが大切です。

答え

なんらかの課題を抱えている子どもと話をする場合、次のような点に気をつけるとよいでしょう。

1．問い詰めるような質問はしない

いきなり「この傷はお父（母）さんに殴られてできたんでしょ？」と聞いて、「はいそうです」と答える子どもはいないでしょう。例えば、学校から帰った後の時間の過ごし方や休みの日の様子などを世間話的にやりとりしながら、お父（母）さんの様子やお父（母）さんとの関係を聞くなどして、少しずつ核心に近づくように話すとよいでしょう。

2．結論を急いだり誘導的質問をしない

子どもが自らの虐待のことを語れるようになった場合でも、途中で相当な時間の沈黙があったり、回り道したり、言いよどみながら話すことがあります。そのような場合に、結論を急がせたり、例えば「それは結局お父（母）さんなんでしょ」というような言い方をすると、そのこと自体は当たっていても大事な話が聞けなくなるかもしれません。また、あまり急がされると「じゃ、もうそれでいいや」という気持ちが生まれ

る可能性があり、真実を見誤る危険性があります。できるだけ子どもが言い出すのを待つ姿勢が大切です。

3. 「他の人には言わないから」というような約束をしない

このような言い方や、「（虐待をした）親には絶対内緒にしておくから」といった言い方をすると、その場では、より詳細な事実を聞き出すことができるかもしれませんが、その後の行動が制約されてしまいます。児童委員が自分一人だけで問題を解決することは不可能です。「あなたをちゃんと守ってくれる人には、話をする場合がある」ということや、「あなたの安全がちゃんと守られるよういろいろな方法を考えたうえで（虐待している）親に言うこともある」という趣旨のことを話し、子どもに理解してもらう必要があります。

4. （虐待した）親を感情にまかせて非難しない

例えば、性的虐待を受けたという話を聞くと「とんでもない親だ。人間として最低だ」と思うこともあるでしょう。仮にそう思う場合でも児童委員として子どもに接するときは、それを口に出して言うのは避けたほうがよいでしょう。なぜなら、子どもにとって親は親であり大切な存在だからです。虐待されたことはいやでも、ほかの面では好きだったりするという子どもの相反する複雑な心情に十分配慮する必要があります。この例のような場合、親を評価するのではなく、「それはつらかったね」といった子どもに寄り添う言葉をかけるとよいでしょう。

5. 過剰に反応しない

子どもの話に過剰に反応すると、子どもが驚いてしまい、自分はとんでもないことを話しているのではないかと思って、話をやめてしまう可能性があります。「きちんと話を聴いているよ」ということが伝わるように、相づちを打つことなどは大切ですが、必要以上のオーバーな表現や反応をすることは控えたほうがよいでしょう。

49 民児協として児童委員活動の充実に取り組む

民児協として児童委員活動の充実に取り組みたいと思いますが、どのような方法がありますか。

POINT

具体的な取り組みとしては、組織体制の整備、定例会の充実、学習の場の設定、対応のルールづくり、広報活動、意見具申などが考えられます。いずれの場合も、専門家の協力を積極的に仰ぎましょう。

答え

1．組織体制を整備してしくみをつくる

①民児協に児童部会や児童福祉委員会といったしくみを設け、児童福祉関係の取り組み全般の中心的役割を担う。

②子ども・子育て支援にかかわる研究会を設けて、個別支援活動の進め方などを検討し、その成果を各児童委員に伝え活動に生かす。この場合、単位民児協だけでなく、市の民児協で行うことも考えられる。

2．定例会を充実させる

①子どもをとりまく環境にかかわる状況に関する情報を共有する。

②学校行事や子ども関連のイベント情報を知らせ、なるべく参加する。

③新聞記事の児童虐待の事例を取り上げ、対応について皆で話し合う。

④児童福祉に関する外部の研修会に参加した児童委員が内容を報告する。その際、自分たちの活動に生かせる部分を意識して取り上げる。

3．学習の場を設定する

①自治体の担当職員などの協力を得て、その地域で活用可能な子ども・子育て支援の施策やサービスの内容、活用方法を学ぶ。

②専門職の協力を得て、事例をもとに学習をする。その際、事例の展開

過程に着目し、「この段階（場面）で児童委員としてできることは何か」「その場合、どの機関とどのような連携をするか」「どのような点に気をつけるか」など、児童委員の役割に着目しながら検討する。

4．対応方法のルールを決めておく

①区域担当の児童委員に住民から情報提供があった場合の対応方法をあらかじめルール化しておき、民児協として確認しておく。どのような内容の場合にどういう段階で民児協会長や主任児童委員に知らせるか、また、子育て家庭を訪問する場合の同行者など。

②個人情報保護、守秘義務の観点から、個別支援活動をするときの情報提供や共有のルールを決め、民児協として確認しておく。

5．広報活動に取り組む（地域住民や関係者に知ってもらう）

①特に会長や主任児童委員の役割として、民児協を代表して地域の会合やイベント、関係機関との会議や協議会などに積極的に参加する。そして、民生委員が児童委員でもあることや守秘義務があることなどを話して存在や役割を知ってもらう。

②地域住民向けパンフレットやチラシを作成し、児童委員の存在や役割を知ってもらう。市民児協などの組織で行うことも考えられる。

③「民生委員・児童委員の日」（毎年5月12日）や、「活動強化週間」（5月12日〜18日）を活用して児童委員についても知ってもらう。

6．意見具申

①子ども・子育て支援に必要なことを関係機関に意見具申する。このなかには、児童委員として活動しやすくするための改善提案なども含まれる。ただし、あらためて意見具申権をもち出さなくても、日頃の関係機関とのやりとりのなかで提案することでも改善は進められる。

②子ども・子育て支援に関係する他団体と協働で、環境改善や制度の整備などの要望を地元の市町村などに対して行う。

50 児童委員らしさを生かした 子ども・子育て支援活動をする

児童委員らしさを生かした子ども・子育て支援活動とは、どういったことですか。どのような意義がありますか。

POINT

児童委員には、身近に住んでいることや、特定の権限を行使する立場ではないからこそ担える役割やできることがあります。それらの特徴を自覚しながら専門職と連携することで、子ども・子育て支援活動の充実に貢献することができます。

全国民生委員児童委員連合会が策定した「全国児童委員活動強化推進方策2017」では、児童委員活動の重点の最初に、「子どもたちの「身近なおとな」となり、地域の「子育て応援団」となる」と記述されています。このことを意識しながら、児童委員の次のような特徴をふまえて子ども・子育て支援に参画することが、児童委員らしさを生かした活動といえます。

1．身近に住んでいる

児童委員は地域の様子がほぼわかります。仮にある家庭のことを直接知らなくても、その家庭のことを知っていると思われる人とは接点があることが多いので、その関係を生かすことで情報収集が可能になります。

また、継続的な見守りや声かけなどが必要な場合、児童相談所や市町村の関与には限度があり、近くに住む児童委員の協力が不可欠です。そして、近くに支援をしてくれる人がいること、何かあったらとりあえず頼れるところがあることは、保護者や子どもの安心感や安定感につながります。

2．公務員や特定機関の職員ではなく、権限を行使する立場でもない

　例えば、児童虐待に警察がかかわる場合、犯罪の有無（立件）という観点からのかかわりになります。また、児童相談所は、親が拒否をしても、必要な場合には親子分離や親権停止などを行います。もちろん、これらは子どものために行うわけですが、親からみると「警察も児童相談所も、自分を監視していて、少しでも悪いことがあるとすぐに問題にする敵である」というような認識をもつことが少なくありません。

　一方、児童委員はどうでしょうか。確かに、法にもとづいて虐待の通告や立入調査をする場合はありますが、児童委員の本質は民生委員法第１条にあるように、「常に住民の立場に立って相談に応じ、及び必要な援助を行い」支援をすることです。そこには、児童相談所などの専門機関とは異なる保護者へのかかわりを見いだすことができます。もちろん、児童虐待を肯定する必要はありませんが、児童委員の場合は、「あくまでも、あなた（や子ども）を支援するためにかかわるのであり、処罰や非難をするためではない」という立場でかかわることができます。

　また、親と専門機関とは、あくまでも制度を介した関係であり、制度の対象でなくなれば関係が終了します。一方、児童委員の場合、制度のみでつながる関係ではないことから、継続的な支援が可能です。

　さらに、例えば、児童虐待で一時的に親子分離が行われ、その後親が深く反省し、こころを入れ替えてがんばろうと思っているときに、周囲から白い目で見られ陰口を言われたら親はどうなるでしょうか。再起のエネルギーやがんばる意欲がなくなります。そのときに、家族でもなく報酬のためでもない児童委員がその人の立場に立って共感し支援をすることができれば、親の意欲の醸成につながることが考えられます。

　以上のように、権限や制度の枠組みにとらわれないかかわり方ができることを生かした「児童委員らしい支援」が期待されています。

 資料編

児童憲章
（昭和26年5月5日）

われらは、日本国憲法の精神にしたがい、児童に対する正しい観念を確立し、すべての児童の幸福をはかるために、この憲章を定める。

児童は、人として尊ばれる。
児童は、社会の一員として重んぜられる。
児童は、よい環境のなかで育てられる。

1 すべての児童は、心身ともに、健やかにうまれ、育てられ、その生活を保障される。
2 すべての児童は、家庭で、正しい愛情と知識と技術をもつて育てられ、家庭に恵まれない児童には、これにかわる環境が与えられる。
3 すべての児童は、適当な栄養と住居と被服が与えられ、また、疾病と災害からまもられる。
4 すべての児童は、個性と能力に応じて教育され、社会の一員としての責任を自主的に果すように、みちびかれる。
5 すべての児童は、自然を愛し、科学と芸術を尊ぶように、みちびかれ、また、道徳的心情がつちかわれる。
6 すべての児童は、就学のみちを確保され、また、十分に整つた教育の施設を用意される。
7 すべての児童は、職業指導を受ける機会が与えられる。
8 すべての児童は、その労働において、心身の発育が阻害されず、教育を受ける機会が失われず、また児童としての生活がさまたげられないように、十分に保護される。
9 すべての児童は、よい遊び場と文化財を用意され、わるい環境からまもられる。
10 すべての児童は、虐待、酷使、放任その他不当な取扱からまもられる。あやまちをおかした児童は、適切に保護指導される。

11　すべての児童は、身体が不自由な場合、または精神の機能が不十分な場合
　　に、適切な治療と教育と保護が与えられる。
12　すべての児童は、愛とまことによつて結ばれ、よい国民として人類の平和
　　と文化に貢献するように、みちびかれる。

・・・

児童憲章について
（昭和 26 年 6 月 2 日　児発第 296 号厚生省児童局長通知）

　かねてより格別の御配慮を煩わしていた児童憲章は、さる 5 月 4 日及び 5 日
の児童憲章制定会議において別紙のとおり決定の上宣言せられたが、この憲章
はその性格からみて、児童福祉行政上極めて重要なものであるから、特に下記
事項に留意せられて、その普及徹底に努力せられ児童福祉の増進に資せられる
よう十分の御尽力を煩わしたい。

記

1、児童憲章は、児童の基本的人権を尊重し、その幸福をはかるために大人の
　　守るべき事項を、国民多数の意見を反映して児童問題有識者が自主的に制定
　　した道徳的規範である。従つて国及び地方公共団体は、これが実現について
　　法的責任を有するものではないが、児童福祉の諸政策を樹立する場合及び国
　　民を指導啓蒙する場合には、この憲章の諸条項を指標とし、各般の情勢とに
　　らみ合せて、できる限り憲章の定める事項の実現に努力されたいこと。
（以下 2 、 3 、 4 は省略）

こども基本法
（令和4年6月22日法律第77号）

第1章　総則

（目的）

第1条　この法律は、日本国憲法及び児童の権利に関する条約の精神にのっと
り、次代の社会を担う全てのこどもが、生涯にわたる人格形成の基礎を築
き、自立した個人としてひとしく健やかに成長することができ、心身の状
況、置かれている環境等にかかわらず、その権利の擁護が図られ、将来にわ
たって幸福な生活を送ることができる社会の実現を目指して、社会全体とし
てこども施策に取り組むことができるよう、こども施策に関し、基本理念を
定め、国の責務等を明らかにし、及びこども施策の基本となる事項を定める
とともに、こども政策推進会議を設置すること等により、こども施策を総合
的に推進することを目的とする。

（定義）

第2条　この法律において「こども」とは、心身の発達の過程にある者をい
う。

2　この法律において「こども施策」とは、次に掲げる施策その他のこどもに
関する施策及びこれと一体的に講ずべき施策をいう。

　一　新生児期、乳幼児期、学童期及び思春期の各段階を経て、おとなになる
までの心身の発達の過程を通じて切れ目なく行われるこどもの健やかな成
長に対する支援

　二　子育てに伴う喜びを実感できる社会の実現に資するため、就労、結婚、
妊娠、出産、育児等の各段階に応じて行われる支援

　三　家庭における養育環境その他のこどもの養育環境の整備

（基本理念）

第3条　こども施策は、次に掲げる事項を基本理念として行われなければなら
ない。

　一　全てのこどもについて、個人として尊重され、その基本的人権が保障さ
れるとともに、差別的取扱いを受けることがないようにすること。

二　全てのこどもについて、適切に養育されること、その生活を保障されること、愛され保護されること、その健やかな成長及び発達並びにその自立が図られることその他の福祉に係る権利が等しく保障されるとともに、教育基本法（平成18年法律第120号）の精神にのっとり教育を受ける機会が等しく与えられること。

三　全てのこどもについて、その年齢及び発達の程度に応じて、自己に直接関係する全ての事項に関して意見を表明する機会及び多様な社会的活動に参画する機会が確保されること。

四　全てのこどもについて、その年齢及び発達の程度に応じて、その意見が尊重され、その最善の利益が優先して考慮されること。

五　こどもの養育については、家庭を基本として行われ、父母その他の保護者が第一義的責任を有するとの認識の下、これらの者に対してこどもの養育に関し十分な支援を行うとともに、家庭での養育が困難なこどもにはできる限り家庭と同様の養育環境を確保することにより、こどもが心身ともに健やかに育成されるようにすること。

六　家庭や子育てに夢を持ち、子育てに伴う喜びを実感できる社会環境を整備すること。

（国の責務）

第4条　国は、前条の基本理念（以下単に「基本理念」という。）にのっとり、こども施策を総合的に策定し、及び実施する責務を有する。

（地方公共団体の責務）

第5条　地方公共団体は、基本理念にのっとり、こども施策に関し、国及び他の地方公共団体との連携を図りつつ、その区域内におけるこどもの状況に応じた施策を策定し、及び実施する責務を有する。

（事業主の努力）

第6条　事業主は、基本理念にのっとり、その雇用する労働者の職業生活及び家庭生活の充実が図られるよう、必要な雇用環境の整備に努めるものとする。

（国民の努力）

第7条　国民は、基本理念にのっとり、こども施策について関心と理解を深め

るとともに、国又は地方公共団体が実施するこども施策に協力するよう努めるものとする。

（年次報告）

第8条　政府は、毎年、国会に、我が国におけるこどもをめぐる状況及び政府が講じたこども施策の実施の状況に関する報告を提出するとともに、これを公表しなければならない。

2　前項の報告は、次に掲げる事項を含むものでなければならない。

　一　少子化社会対策基本法（平成15年法律第133号）第9条第1項に規定する少子化の状況及び少子化に対処するために講じた施策の概況

　二　子ども・若者育成支援推進法（平成21年法律第71号）第6条第1項に規定する我が国における子ども・若者の状況及び政府が講じた子ども・若者育成支援施策の実施の状況

　三　子どもの貧困対策の推進に関する法律（平成25年法律第64号）第7条第1項に規定する子どもの貧困の状況及び子どもの貧困対策の実施の状況

　　第2章　基本的施策

（こども施策に関する大綱）

第9条　政府は、こども施策を総合的に推進するため、こども施策に関する大綱（以下「こども大綱」という。）を定めなければならない。

2　こども大綱は、次に掲げる事項について定めるものとする。

　一　こども施策に関する基本的な方針

　二　こども施策に関する重要事項

　三　前2号に掲げるもののほか、こども施策を推進するために必要な事項

3　こども大綱は、次に掲げる事項を含むものでなければならない。

　一　少子化社会対策基本法第7条第1項に規定する総合的かつ長期的な少子化に対処するための施策

　二　子ども・若者育成支援推進法第8条第2項各号に掲げる事項

　三　子どもの貧困対策の推進に関する法律第8条第2項各号に掲げる事項

4　こども大綱に定めるこども施策については、原則として、当該こども施策の具体的な目標及びその達成の期間を定めるものとする。

5　内閣総理大臣は、こども大綱の案につき閣議の決定を求めなければならな

い。

6　内閣総理大臣は、前項の規定による閣議の決定があったときは、遅滞なく、こども大綱を公表しなければならない。

7　前2項の規定は、こども大綱の変更について準用する。

　（都道府県こども計画等）

第10条　都道府県は、こども大綱を勘案して、当該都道府県におけるこども施策についての計画（以下この条において「都道府県こども計画」という。）を定めるよう努めるものとする。

2　市町村は、こども大綱（都道府県こども計画が定められているときは、こども大綱及び都道府県こども計画）を勘案して、当該市町村におけるこども施策についての計画（以下この条において「市町村こども計画」という。）を定めるよう努めるものとする。

3　都道府県又は市町村は、都道府県こども計画又は市町村こども計画を定め、又は変更したときは、遅滞なく、これを公表しなければならない。

4　都道府県こども計画は、子ども・若者育成支援推進法第9条第1項に規定する都道府県子ども・若者計画、子どもの貧困対策の推進に関する法律第9条第1項に規定する都道府県計画その他法令の規定により都道府県が作成する計画であってこども施策に関する事項を定めるものと一体のものとして作成することができる。

5　市町村こども計画は、子ども・若者育成支援推進法第9条第2項に規定する市町村子ども・若者計画、子どもの貧困対策の推進に関する法律第9条第2項に規定する市町村計画その他法令の規定により市町村が作成する計画であってこども施策に関する事項を定めるものと一体のものとして作成することができる。

　（こども施策に対するこども等の意見の反映）

第11条　国及び地方公共団体は、こども施策を策定し、実施し、及び評価するに当たっては、当該こども施策の対象となるこども又はこどもを養育する者その他の関係者の意見を反映させるために必要な措置を講ずるものとする。

　（こども施策に係る支援の総合的かつ一体的な提供のための体制の整備等）

資料編 2　こども基本法

第12条　国は、こども施策に係る支援が、支援を必要とする事由、支援を行う関係機関、支援の対象となる者の年齢又は居住する地域等にかかわらず、切れ目なく行われるようにするため、当該支援を総合的かつ一体的に行う体制の整備その他の必要な措置を講ずるものとする。

　　（関係者相互の有機的な連携の確保等）

第13条　国は、こども施策が適正かつ円滑に行われるよう、医療、保健、福祉、教育、療育等に関する業務を行う関係機関相互の有機的な連携の確保に努めなければならない。

2　都道府県及び市町村は、こども施策が適正かつ円滑に行われるよう、前項に規定する業務を行う関係機関及び地域においてこどもに関する支援を行う民間団体相互の有機的な連携の確保に努めなければならない。

3　都道府県又は市町村は、前項の有機的な連携の確保に資するため、こども施策に係る事務の実施に係る協議及び連絡調整を行うための協議会を組織することができる。

4　前項の協議会は、第2項の関係機関及び民間団体その他の都道府県又は市町村が必要と認める者をもって構成する。

第14条　国は、前条第1項の有機的な連携の確保に資するため、個人情報の適正な取扱いを確保しつつ、同項の関係機関が行うこどもに関する支援に資する情報の共有を促進するための情報通信技術の活用その他の必要な措置を講ずるものとする。

2　都道府県及び市町村は、前条第2項の有機的な連携の確保に資するため、個人情報の適正な取扱いを確保しつつ、同項の関係機関及び民間団体が行うこどもに関する支援に資する情報の共有を促進するための情報通信技術の活用その他の必要な措置を講ずるよう努めるものとする。

　　（この法律及び児童の権利に関する条約の趣旨及び内容についての周知）

第15条　国は、この法律及び児童の権利に関する条約の趣旨及び内容について、広報活動等を通じて国民に周知を図り、その理解を得るよう努めるものとする。

　　（こども施策の充実及び財政上の措置等）

第16条　政府は、こども大綱の定めるところにより、こども施策の幅広い展

開その他のこども施策の一層の充実を図るとともに、その実施に必要な財政上の措置その他の措置を講ずるよう努めなければならない。

第3章　こども政策推進会議

（設置及び所掌事務等）

第17条　こども家庭庁に、特別の機関として、こども政策推進会議（以下「会議」という。）を置く。

2　会議は、次に掲げる事務をつかさどる。

一　こども大綱の案を作成すること。

二　前号に掲げるもののほか、こども施策に関する重要事項について審議し、及びこども施策の実施を推進すること。

三　こども施策について必要な関係行政機関相互の調整をすること。

四　前3号に掲げるもののほか、他の法令の規定により会議に属させられた事務

3　会議は、前項の規定によりこども大綱の案を作成するに当たり、こども及びこどもを養育する者、学識経験者、地域においてこどもに関する支援を行う民間団体その他の関係者の意見を反映させるために必要な措置を講ずるものとする。

（組織等）

第18条　会議は、会長及び委員をもって組織する。

2　会長は、内閣総理大臣をもって充てる。

3　委員は、次に掲げる者をもって充てる。

一　内閣府設置法（平成11年法律第89号）第9条第1項に規定する特命担当大臣であって、同項の規定により命を受けて同法第11条の3に規定する事務を掌理するもの

二　会長及び前号に掲げる者以外の国務大臣のうちから、内閣総理大臣が指定する者

（資料提出の要求等）

第19条　会議は、その所掌事務を遂行するために必要があると認めるときは、関係行政機関の長に対し、資料の提出、意見の開陳、説明その他必要な協力を求めることができる。

2　会議は、その所掌事務を遂行するために特に必要があると認めるときは、前項に規定する者以外の者に対しても、必要な協力を依頼することができる。

（政令への委任）

第20条　前3条に定めるもののほか、会議の組織及び運営に関し必要な事項は、政令で定める。

　　　附　則（抄）

（施行期日）

第1条　この法律は、令和5年4月1日から施行する。

（検討）

第2条　国は、この法律の施行後5年を目途として、この法律の施行の状況及びこども施策の実施の状況を勘案し、こども施策が基本理念にのっとって実施されているかどうか等の観点からその実態を把握し及び公正かつ適切に評価する仕組みの整備その他の基本理念にのっとったこども施策の一層の推進のために必要な方策について検討を加え、その結果に基づき、法制上の措置その他の必要な措置を講ずるものとする。

子どもの権利条約（抄）

第1部

第1条

　この条約の適用上、児童とは、18歳未満のすべての者をいう。ただし、当該児童で、その者に適用される法律によりより早く成年に達したものを除く。

第2条

1．締約国は、その管轄の下にある児童に対し、児童又はその父母若しくは法定保護者の人種、皮膚の色、性、言語、宗教、政治的意見その他の意見、国民的、種族的若しくは社会的出身、財産、心身障害、出生又は他の地位にかかわらず、いかなる差別もなしにこの条約に定める権利を尊重し、及び確保する。

2．締約国は、児童がその父母、法定保護者又は家族の構成員の地位、活動、表明した意見又は信念によるあらゆる形態の差別又は処罰から保護されることを確保するためのすべての適当な措置をとる。

第3条

1．児童に関するすべての措置をとるに当たっては、公的若しくは私的な社会福祉施設、裁判所、行政当局又は立法機関のいずれによって行われるものであっても、児童の最善の利益が主として考慮されるものとする。

2．締約国は、児童の父母、法定保護者又は児童について法的に責任を有する他の者の権利及び義務を考慮に入れて、児童の福祉に必要な保護及び養護を確保することを約束し、このため、すべての適当な立法上及び行政上の措置をとる。

3．締約国は、児童の養護又は保護のための施設、役務の提供及び設備が、特に安全及び健康の分野に関し並びにこれらの職員の数及び適格性並びに適正な監督に関し権限のある当局の設定した基準に適合することを確保する。

第6条

1．締約国は、すべての児童が生命に対する固有の権利を有することを認め

る。

2．締約国は、児童の生存及び発達を可能な最大限の範囲において確保する。

第9条

1．締約国は、児童がその父母の意思に反してその父母から分離されないことを確保する。ただし、権限のある当局が司法の審査に従うことを条件として適用のある法律及び手続に従いその分離が児童の最善の利益のために必要であると決定する場合は、この限りでない。このような決定は、父母が児童を虐待し若しくは放置する場合又は父母が別居しており児童の居住地を決定しなければならない場合のような特定の場合において必要となることがある。

2．すべての関係当事者は、1の規定に基づくいかなる手続においても、その手続に参加しかつ自己の意見を述べる機会を有する。

（3．・4．略）

第12条

1．締約国は、自己の意見を形成する能力のある児童がその児童に影響を及ぼすすべての事項について自由に自己の意見を表明する権利を確保する。この場合において、児童の意見は、その児童の年齢及び成熟度に従って相応に考慮されるものとする。

2．このため、児童は、特に、自己に影響を及ぼすあらゆる司法上及び行政上の手続において、国内法の手続規則に合致する方法により直接に又は代理人若しくは適当な団体を通じて聴取される機会を与えられる。

第13条

1．児童は、表現の自由についての権利を有する。この権利には、口頭、手書き若しくは印刷、芸術の形態又は自ら選択する他の方法により、国境とのかかわりなく、あらゆる種類の情報及び考えを求め、受け及び伝える自由を含む。

2．1の権利の行使については、一定の制限を課することができる。ただし、その制限は、法律によって定められ、かつ、次の目的のために必要とされるものに限る。

a．他の者の権利又は信用の尊重

　　b．国の安全、公の秩序又は公衆の健康若しくは道徳の保護

第14条

1．締約国は、思想、良心及び宗教の自由についての児童の権利を尊重する。

2．締約国は、児童が1の権利を行使するに当たり、父母及び場合により法定保護者が児童に対しその発達しつつある能力に適合する方法で指示を与える権利及び義務を尊重する。

3．宗教又は信念を表明する自由については、法律で定める制限であって公共の安全、公の秩序、公衆の健康若しくは道徳又は他の者の基本的な権利及び自由を保護するために必要なもののみを課することができる。

第15条

1．締約国は、結社の自由及び平和的な集会の自由についての児童の権利を認める。

2．1の権利の行使については、法律で定める制限であって国の安全若しくは公共の安全、公の秩序、公衆の健康若しくは道徳の保護又は他の者の権利及び自由の保護のため民主的社会において必要なもの以外のいかなる制限も課することができない。

第16条

1．いかなる児童も、その私生活、家族、住居若しくは通信に対して恣意的に若しくは不法に干渉され又は名誉及び信用を不法に攻撃されない。

2．児童は、1の干渉又は攻撃に対する法律の保護を受ける権利を有する。

第19条

1．締約国は、児童が父母、法定保護者又は児童を監護する他の者による監護を受けている間において、あらゆる形態の身体的若しくは精神的な暴力、傷害若しくは虐待、放置若しくは怠慢な取扱い、不当な取扱い又は搾取（性的虐待を含む。）からその児童を保護するためすべての適当な立法上、行政上、社会上及び教育上の措置をとる。

2．1の保護措置には、適当な場合には、児童及び児童を監護する者のために必要な援助を与える社会的計画の作成その他の形態による防止のための

効果的な手続並びに1に定める児童の不当な取扱いの事件の発見、報告、付託、調査、処置及び事後措置並びに適当な場合には司法の関与に関する効果的な手続を含むものとする。

第23条

1．締約国は、精神的又は身体的な障害を有する児童が、その尊厳を確保し、自立を促進し及び社会への積極的な参加を容易にする条件の下で十分かつ相応な生活を享受すべきであることを認める。

2．締約国は、障害を有する児童が特別の養護についての権利を有することを認めるものとし、利用可能な手段の下で、申込みに応じた、かつ、当該児童の状況及び父母又は当該児童を養護している他の者の事情に適した援助を、これを受ける資格を有する児童及びこのような児童の養護について責任を有する者に与えることを奨励し、かつ、確保する。

3．障害を有する児童の特別な必要を認めて、2の規定に従って与えられる援助は、父母又は当該児童を養護している他の者の資力を考慮して可能な限り無償で与えられるものとし、かつ、障害を有する児童が可能な限り社会への統合及び個人の発達（文化的及び精神的な発達を含む。）を達成することに資する方法で当該児童が教育、訓練、保健サービス、リハビリテーション・サービス、雇用のための準備及びレクリエーションの機会を実質的に利用し及び享受することができるように行われるものとする。

4．締約国は、国際協力の精神により、予防的な保健並びに障害を有する児童の医学的、心理学的及び機能的治療の分野における適当な情報の交換（リハビリテーション、教育及び職業サービスの方法に関する情報の普及及び利用を含む。）であってこれらの分野における自国の能力及び技術を向上させ並びに自国の経験を広げることができるようにすることを目的とするものを促進する。これに関しては、特に、開発途上国の必要を考慮する。

第26条

1．締約国は、すべての児童が社会保険その他の社会保障からの給付を受ける権利を認めるものとし、自国の国内法に従い、この権利の完全な実現を達成するための必要な措置をとる。

2．1の給付は、適当な場合には、児童及びその扶養について責任を有する者の資力及び事情並びに児童によって又は児童に代わって行われる給付の申請に関する他のすべての事項を考慮して、与えられるものとする。

第27条

1．締約国は、児童の身体的、精神的、道徳的及び社会的な発達のための相当な生活水準についてのすべての児童の権利を認める。

2．父母又は児童について責任を有する他の者は、自己の能力及び資力の範囲内で、児童の発達に必要な生活条件を確保することについての第一義的な責任を有する。

3．締約国は、国内事情に従い、かつ、その能力の範囲内で、1の権利の実現のため、父母及び児童について責任を有する他の者を援助するための適当な措置をとるものとし、また、必要な場合には、特に栄養、衣類及び住居に関して、物的援助及び支援計画を提供する。

4．締約国は、父母又は児童について金銭上の責任を有する他の者から、児童の扶養料を自国内で及び外国から、回収することを確保するためのすべての適当な措置をとる。特に、児童について金銭上の責任を有する者が児童と異なる国に居住している場合には、締約国は、国際協定への加入又は国際協定の締結及び他の適当な取決めの作成を促進する。

第28条

1．締約国は、教育についての児童の権利を認めるものとし、この権利を漸進的にかつ機会の平等を基礎として達成するため、特に、

a．初等教育を義務的なものとし、すべての者に対して無償のものとする。

b．種々の形態の中等教育（一般教育及び職業教育を含む。）の発展を奨励し、すべての児童に対し、これらの中等教育が利用可能であり、かつ、これらを利用する機会が与えられるものとし、例えば、無償教育の導入、必要な場合における財政的援助の提供のような適当な措置をとる。

c．すべての適当な方法により、能力に応じ、すべての者に対して高等教育を利用する機会が与えられるものとする。

d．すべての児童に対し、教育及び職業に関する情報及び指導が利用可能
　　であり、かつ、これらを利用する機会が与えられるものとする。
 e．定期的な登校及び中途退学率の減少を奨励するための措置をとる。
2．締約国は、学校の規律が児童の人間の尊厳に適合する方法で及びこの条
　　約に従って運用されることを確保するためのすべての適当な措置をとる。
3．締約国は、特に全世界における無知及び非識字の廃絶に寄与し並びに科
　　学上及び技術上の知識並びに最新の教育方法の利用を容易にするため、教
　　育に関する事項についての国際協力を促進し、及び奨励する。これに関し
　　ては、特に、開発途上国の必要を考慮する。

第34条

　締約国は、あらゆる形態の性的搾取及び性的虐待から児童を保護することを
約束する。このため、締約国は、特に、次のことを防止するためのすべての適
当な国内、二国間及び多数国間の措置をとる。
 a．不法な性的な行為を行うことを児童に対して勧誘し又は強制すること。
 b．売春又は他の不法な性的な業務において児童を搾取的に使用すること。
 c．わいせつな演技及び物において児童を搾取的に使用すること。

子どもの権利条約

日本語訳：（公財）日本ユニセフ協会
出典：日本ユニセフ協会

第2版（2022）

＜全国共通の電話番号＞

◆**児童虐待対応ダイヤル　189（いちはやく）**

児童虐待に対応。24時間全国どこからかけても最寄りの児童相談所につながる。厚生労働省の事業で、通話料は無料。

◆ **24時間子どもSOSダイヤル　0120－0－78310（なやみいおう）**

子どものSOS全般に対応。夜間、休日含めて24時間つながる。文部科学省の事業で都道府県や指定都市の教育委員会が運営している。

◆**子どもの人権110番　0120－007－110**

子どもの人権に関する相談に対応。法務省の事業で、平日昼間のみ対応。

＜自分の地域の電話番号＞

　下の表を活用して、地元の自治体の担当部署や最寄りの専門機関の正式な名称と電話番号を記入しておくとよいでしょう。

専門機関や部署	正式な名称	電話番号
児童福祉の担当部署		
母子保健の担当部署		
福祉事務所		
児童相談所		
教育委員会		

著者紹介

小林　雅彦 （こばやし・まさひこ）
国際医療福祉大学大学院教授

1957 年、千葉県生まれ。
日本社会事業大学大学院社会福祉学研究科修士課程修了。
川崎市社会福祉協議会、全国社会福祉協議会、
厚生労働省地域福祉専門官、国際医療福祉大学医療福祉学
部教授、同学部長を経て現職。

〈主著〉
『民生委員のための高齢者支援ハンドブック』（単著、中央
法規出版、2022 年）
『民生委員のための経済的困窮者支援ハンドブック』（単著、中央法規出版、2021 年）
『新版 民生委員のための地域福祉活動実践ハンドブック』（単著、中央法規出版、2020 年）
『民生委員活動の基礎知識』（単著、中央法規出版、2020 年）
『民生委員のための障害者支援ハンドブック』（単著、中央法規出版、2019 年）
『民生委員のための相談面接ハンドブック』（単著、中央法規出版、2017 年）
『民生委員・児童委員のための子ども・子育て支援実践ハンドブック』（単著、中央法規
出版、2014 年）
『社会福祉基礎（高等学校福祉科教科書）』（共著、実教出版、2013 年）
『民生委員のための地域福祉活動実践ハンドブック』（単著、中央法規出版、2011 年）
『改訂 民生委員のための地域福祉活動 Q&A』（共著、中央法規出版、2011 年）
『地域福祉論―基本と事例（第 2 版）』（編著、学文社、2010 年）
『地域福祉論―理論と方法』（共編著、第一法規出版、2009 年）
『住民参加型の福祉活動―きらめく実践例』（共編著、ぎょうせい、2002 年）
『地域福祉の法務と行政』（編著、ぎょうせい、2002 年）

新版 民生委員・児童委員のための
子ども・子育て支援 実践ハンドブック
──制度解説と児童虐待への対応を中心とした 50 の Q&A

2023 年 7 月 5 日　初 版 発 行
2024 年 4 月 1 日　初版第 2 刷発行

著　者…………小林雅彦

発行者…………荘村明彦

発行所…………中央法規出版株式会社
　　　　　　　〒 110-0016　東京都台東区台東 3-29-1　中央法規ビル
　　　　　　　TEL 03-6387-3196
　　　　　　　https://www.chuohoki.co.jp/

印刷・製本………株式会社太洋社

ブックデザイン…株式会社ジャパンマテリアル

ISBN978-4-8058-8891-9